AF343903

DESCRIPTION

DE LA

RIMÉE.

Par M. THOUNMANN,

Professeur à Halle.

TRADUITE DE L'ALLEMAND.

À STRASBOURG

J. G. TREUTTEL, LIBRAIRE 1786.

Avec Permission.

Cette defcription fait proprement partie de
graphie de Büsching, édition originale d
bourg, dont nous réimprimons les premiers
manquants, en y fubftituant les changement
ques arrivés dans l'intervale.   Cette parti<
nous avons fait tirer un petit nombre d'exe
féparément, peut donner une idée de la ma
lide, dont M. Büsching traite fa Géographi
néral, & qui pour l'Europe feule s'étend à
volumes.

L'ÉTAT DE CRIMÉE.

OBSERVATION.

M^r. Thounmann, *de qui nous publions la présente description, comme la plus raisonnée, a composé ce traité avant l'année 1777, où la Crimée faisoit encore une souveraineté particuliere de l'Europe. Mais depuis cette époque cet état essuya une grande révolution. L'impératrice de Russie Catherine II pour tarir la source des troubles qui déchiroient continuellement la Crimée & qui étoient fomentés par les Turcs, engagea le Khan à lui céder ses droits & ses possessions. Elle réussit même à engager la Porte Ottomanne d'acquiescer à cette cession par une convention signée à Constantinople le 8 Janvier 1784 & dès lors la Crimée fut incorporée à la Russie & érigée en un gouvernement particulier connu aujourd'hui sous le nom de Chersonnese Taurique ou de la Tauride. Nous prions donc le lecteur de rapporter tout ce qui est dit dans ce traité curieux & intéressant sur la constitution politique de la Crimée, au tems où elle faisoit encore un état particulier.*

ETAT DE CRIMÉE.

Depuis le traité de paix conclu à Kout-chouk - Kaïnardgii le $\frac{10}{21}$ du mois de juillet 1774, le Khan de Crimée a pos-sédé, à titre d'Etat indépendant, plusieurs pays considérables tant sur la côte européen-ne de la mer noire que sur la côte asiatique & sur la mer d'Asof. La principale de ces possessions est *la presqu' isle de la Crimée*, dans laquelle le Khan fait ordinairement sa résidence, & qui tient le premier rang soit par rapport à son heureuse situation, soit à cause de sa grande population, de sa culture, de ses productions, du nombre de ses villes & de l'industrie de ses habitans. Outre cela il possede en Europe: le *Nogaj oriental* entre le Berda & le Dniepr; le *Iedisane*, autrement le *Nogaj occidental* entre le Bog & le Dniestr, avec la plus grande partie de la *Bessarabie* ou du *Boudgjak* entre le Dniestr & le Danube. En Asie il possede le *Koubane* sur les deux ri-ves du fleuve de ce nom, & prétend à la sou-veraineté des deux *Kabarda*, dont il n'a ce-pendant pas obtenu la possession réelle.

Ces pays, dont chacun sera décrit en détail par la suite, font les seuls débris du vaste em-pire Mongole ou Tatare de Kapdgjak, fondé par Batou - Khane depuis l'an 1235, & démembré après les dévaltations de Timourbeghj. Dans la fuite, Hadghji - Ghieraï, qui commandoit à quelques hordes en Crimée, fe rendit indépendant vers l'an 1443, s'empara fucceffivement des poffeffions du Kapdgjak en Europe, & forma un royaume particulier, dont fon fils Mengueli - Ghieraï fut le fecond créateur, quoique fous la fouveraineté des Ottomans Les limites ont beaucoup varié, mais enfin elles ont été fixées à la paix de 1774.

I. La CRIMÉE.

Cette prefqu' isle que les habitans nomment tantôt *Krim*, tantôt *Kyrym*, ou *Kyrym-Adafi* qui veut dire isle de Kirim, ou fimplement *Ada*, l'isle, eft formée par la mer noire & la mer d'Afove (Afof) qui la borne à l'eft avec le détroit de Zabache : & ne tient au continent que par une langue de terre ou ifthme large d'environ un mille géographique, qui communique au nord avec le Nogaj oriental. Sa pofition eft entre le 51 d. 9'. & le 53 d. 44'. de longitude orientale, & entre le 44 d. 44'. & le 45 d. 65'. de latitude feptentrionale: (Selon les cartes de la *Géogr. comp.* 51 d. 30'. & 55 d. 10 longit. or. 44 d. 5'. & 46 d. latit. fept.) On évalue fon étendue à environ 270 milles quarrés.

C'eft un pays que la nature a beaucoup favorifé ; il a des plaines vaftes & fertiles & des montagnes de l'afpect le plus riant. Les chaleurs y font fortes en été, mais toujours fupportables, & tempérées par les vents du nord & de la mer. L'hiver y eft modéré ; il y neige plus qu'il n'y gele, & un froid rigoureux y dure rarement plus de trois jours. Le vent du nord fe fait néanmoins fentir vivement dans la partie feptentrionale, où il n'eft arrèté par aucune montagne ; mais auffi il purifie l'air & contribue à fortifier le tempérament. Lorsque le printems & l'automne fe trouvent plus chauds que d'ordinaire, il en réfulte des maladies, mais elles ne font pas beaucoup de ravages, excepté la pefte qui y eft apportée des pays ottomans. Cependant c'eft la patrie d'une efpece de lepre ou éléphantiafis que l'on nomme pour cette raifon maladie de Crimée, '& qui eft auffi commune dans les pays ruffes. Du refte le climat eft en général l'un des plus fains : les habitans y parviennent à une vieilleffe avancée & n'y montrent jamais la décrépitude.

La partie feptentrionale de la péninfule, qui eft auffi la plus confidérable, n'eft qu'une vafte plaine peu élevée au deffus du niveau de la mer. C'eft un pays entiérement plat, & qui manque partout de bois ; mais auffi le fol eft de la plus grande fertilité, quoique un peu pierreux, & entre-coupé de quelques cantons fablonneux. On y trouve peu de lacs, & pour la plupart, l'eau en eft falée ; mais il y a partout des puits larges & profonds, pleins d'une eau fort faine, qui fuffifent pour des villages entiers.

Tout ce qui peut manquer au nord, fe trouve en abondance dans la partie du fud, qui eft montueufe, c'eft-à-dire, des vallons, des bois, des côteaux, des rivieres, des lacs. Les montagnes s'étendent en formant un demi-cercle depuis Ingkiirmann jufque vers Kaffa, & s'avancent depuis la côte à trois, quatre & cinq milles dans les terres ; elles font toujours hautes & efcarpées, mais entrecoupées de larges vallons, & couvertes de bois. On y trouve une multitude de montagnes ifolées, dont les plus remarquables font : *Sinab - Daghi*, le mont Sinab, entre Balouklava & Lambate; le mont *Dgjadir*, entre Alouchta & Akmesdgiid ; le mont *Baba*, fur lequel eft affife Mangoute; le mont *Aghirmiche*, près d'Eski-Krim, & le mont *Katchi*, Il fort de cette chaîne de montagnes plus de cinquante rivieres, tant grandes que petites , dont les eaux font très - bonnes & fourmillent de poiffons qui ne font pas gros, mais du meilleur goût. Les principales font: le *Salghir* , qui reçoit le grand & le petit *Kara-fou* & d'autres rivieres ; le *Boulganak*; les trois *Indal* ou *Andaléi*; le *Tchuruk-fou* (eau pourrie): qui toutes courent à l'eft fe jetter dans le *Tchuruk-Denghiis* (mer pourrie,) efpece de lac fort long, ou plutôt de golfe dont les eaux font ftagnantes , & que les Anciens nom-

moient de même, *Sapra Limne*.) D'autres
ont leur cours à l'oueft, comme l'*Alma*, le
Katchi, le *Kabarta*, &c. qui fc jettent dans
la mer noire.

Le terrein qui borde ces rivieres eft parfaitement bien cultivé; les villages femblent s'y
toucher; on n'y aperçoit de toutes parts, comme du refte en général dans les montagnes,
que maifons, vergers, vignobles, terres la-
bourées. Les foréts donnent d'excellent bois
de conftruction. Le cyprès, le pommier,
le prunier, le poirier, le cerifier, le coignaf-
fier, le noyer, croiffent par-tout en grande
quantité, & quoiqu'on n'y prenne pas grand
foin des arbres fruitiers, le fruit n'y eft pas
moins excellent. Les fleurs dont les prairies
y font le plus ordinairement émaillées, font
les tulipes & les lys. Les bois y font peuplés
de faifans, de perdrix, de gelinotes, de bé-
caffes, & d'une foule d'autres oifeaux; les
fangliers, les cerfs, les daims, les mouflons
(ou béliers fauvages), les lievres, les lapins,
les blaireaux, les marmotes, les hermines, les
martres, &c. n'y font pas moins multipliés;
mais il y refte peu d'ours & de loups aujourd'hui., Les montagnes qui font entre Eski-Krim & Caffa, doivent être riches en or,
argent, & autres métaux, fur-tout en excellentes mines de fer. On recueille par-tout du
vin dont la qualité approche beaucoup de celle des vins de Hongrie; le meilleur croît autour de Soudak, & s'exporte en quantité pour

l'Ukraine & la Turquie. Le terroir eſt ſi fertile au pié des monts & ſur la preſqu' isle de Kierche, qui eſt auſſi preſque toute en montagnes & en vallons, que l'on y recueille année commune trente pour un.

On ne ſauroit trouver d'eaux plus poiſſonneuſes que celles de la mer noire & de la mer d'Aſove, près des côtes de la Crimée. La ſaiſon la plus favorable pour la pêche eſt depuis le mois d'octobre juſqu'au mois d'avril; on prend alors des multitudes d'eſturgeons, de hauſes, de carpes, de brochets, de coraſſins, de ſaumons, d'écreviſſes ou homars, de perches, de tanches, de ſilures, d'ables, de barbeaux, &c. On a trouvé des hauſes (eſpeces d'eſturgeons, ou, ſelon d'autres, de petite baleine) qui peſoient des 8 à 900 livres, & dont on tiroit des trois ou quatre quintaux de caviar. On ſale la plus grande partie du poiſſon, & l'on en fait, avec le caviar, un article de commerce très-avantageux. Il y a des endroits & des mers dans ces contrées, aux quels l'abondance de la pêche a fait donner des noms analogues; par exemple, la mer d'Aſove a été nommée par les Komanes *Kar-balouk*, c. à. d. la ville ou la patrie des poiſſons, & par les Tatares, ſelon le tour génois, *Tchaback-Denghjiſi*, mer des *Brachſes* (eſpece de poiſſon); les Turcs la nomment encore la mer des poiſſons *Balouk-Denghjiſi*, *Balouk-lava*, nom d'une ville, ſignifie un étang plein de poiſſons, &c.

Les premiers habitans connus de la Crimée furent les *Kimmériens* *), peuple nombreux & belliqueux iſſu des Thraques, qui dès long-tems avant Homere avoit fait des incurſions dans l'Aſie mineure, & qui dépouillé par les Skythes de ſes vaſtes poſſeſſions, conſerva la Crimée plus long-tems que les autres. Il paroit que ces dangereux voiſins l'expulſerent du plat pays dès l'an 656 avant J. C. mais il reſta caché dans les montagnes portant le nom de *Taouriens*, & c'eſt delà que la preſqu'isle prit celui de *Taourica* ou *Taourinia*. Les Grecs commencerent à s'y établir dès avant la moitié du ſixieme ſiecle avant J. C. Les Miléſiens y bâtirent *Panticapœum* ou *Boſporus*, aujourd'hui Kierche, & *Theodoſia*, aujourd'hui Katfa : les Héracléens de Ponte y bâtirent Cherſon (*Kerſane*), conjointement avec les Déliens. Ils commencerent auſſi à cette époque à y faire le commerce le plus floriſſant, qui ne contribua pas peu à étendre leurs connoiſſances géographiques.

L'an 480 avant la naiſſance de J. C. les *Archæ anaktides*, originaires de Mitylene, fonderent à *Boſporus*, & dans quelques autres

---

*) Dans ce mot, ainſi orthographié au lieu de *Cimmériens*, & dans ceux de *Thraques* pour *Thraces*, de *Skythes* pour *Scythes* &c. M. Thounmann eſt le premier qui oſe nous rappeller dans la pratique à la vraie prononciation du C, formé du K, auquel il a ſuccédé, & dont nous faiſons ſi ſouvent un S, les allemands un TS, les Italiens un TCH, &c.

villes vers les embouchures du Koubane, un Etat monarchique, dont le trône paffa 42 ans après, à une nouvelle dynaftie de rois dans la perfonne de *Spartacus*. Ces nouveaux monarques, quoique Thraques d'origine felon toute apparence, affectionnoient les Grecs, fur-tout les Athéniens, & gouvernerent avec douceur, chafferent les Skythes de la prefqu' isle de Kierche, s'emparerent de Theodofia, & étendirent auffi leurs poffeffions dans le Koubane.

Environ 380 ans avant l'ere chrétienne, les *Skythes* ayant été prefque entiérement exterminés par les Sarmates, les *Taouriens* étendirent peu à peu leur domination fur toute la prefqu'isle, & molefterent le royaume de Bofporus, auffi bien que l'Etat indépendant de Kherfone, foit par des contributions foit par le dégât, jufqu'à ce que ces peuples fe furent foumis au grand Mithridate, roi de Ponte, vers l'an 112 avant la naiff. de J. C. Alors ce prince puiffant fubjugua les Taouriens & fe trouva maître enfuite de toute la Crimée. Mais vers l'époque de la naiff. de J. C. les *Alanes* (Alains) pénétrerent dans la prefqu'isle, rendirent les rois de Bofporus tributaires, & vinrent à bout d'exterminer les Taouriens vers l'an 62 de notre ère : La domination de ces nouveaux maîtres dura environ un fiecle & demi.

Vers le milieu du fecond fiecle les *Gothes* (Goths) parurent à la place des Alanes, &

c’eſt pendant la durée de leur domination , ſavoir vers les tems de Dioclétien & du grand Conſtantin, que le Chriſtianiſme fut porté en Crimée, de façon que l’on érigea ſucceſſivement pluſieurs évêchés, ſavoir, à Kherſone, à Boſporus , & un parmi les Gothes. Ces derniers furent forcés de ſe ſoumettre aux Hounes (*Huns*) en 375, mais conſerverent leurs habitations dans les montagnes, où il reſtoit auſſi encore des Alanes, de même que dans la preſqu’isle de Kierche, & ils eurent leurs rois à part, qui étoient chrétiens. Enfin vers la fin du 4e ſiecle le royaume de Boſporus ceſſa entiérement d’exiſter.

Après la chûte des Hounes, les *Ongres* (Hongrois) entrerent dans la Crimée en 464. Car ayant conquis avec les Boulgares tout ce qui eſt entre le Done & le Dnieſtr, une partie s’en retourna en Aſie, & engagea les Gothes établis dans la preſqu’isle de Kierche, de paſſer de l’autre coté à Tamane où ils prirent des habitations. Les deſcendans de ces Ongres, qui depuis cette époque parcoururent les plaines de Crimée en menant une vie nomade, prend le nom d’*Aoultziagres* ou d’*Oultzingoures:* mais en 679 ils furent contraints comme le reſte de cette nation, de ſe ſoumettre aux *Khatzares*, qui ſe rendirent encore tributaires les Gothes de la montagne & les villes grecques de la côte. Il eſt vrai que les Gothes ſe révolterent vers la fin du 8e ſiecle. mais ils furent réprimés , & cependant conferverent leurs rois. L'an 840 l'empereur Théophile érigea une province ou gouvernement de Kherfone, dans lequel il réunit toutes les villes & autres habitations grecques de de la Crimée & de la Tfikhie (qui eft le Koubane): car quoique ces pays rendiffent un tribut aux Khatzares, ils ne laiffoient pas de reconnoître la fouveraineté de la cour de Byzance. Cependant depuis le tems que les Khatzares s'étoient rendus maîtres de la Crimée, cette prefqu'isle avoit pris le nom de *Khatzarie* ou Gatzarie, & la partie montagneufe prit le nom des peuples qui l'occupoient, c'eft-à-dire, de Gothie quand ce furent les Gothes , & de Tfikhie d'après les Alanes Tfikiens ou Iafiques qui y étoient reftés. Les Juifs étoient déja fort nombreux dans la Crimée du tems des Khatzares.

Les *Petchénegues* ou Kanglis chafferent en 882 les Ongres de la Crimée & de leurs autres poffeffions; mais il refta au delà de l'ifthme d'Or deux branches détachées d'Ongres & de Boulgares, qui font connus dans les annales de Ruffie fous les noms de *Berendei* ou Boulgares noirs, & de *Torques* Depuis ce tems les Khatzares ne conferverent plus leur puiffance qu'en Afie , où elle fut enfin détruite en 1015, quoique l'on continuât de nommer la prefqu'isle Khatzarie. Vers le milieu du onzieme fiecle les Petchénegues furent contraints d'abandonner auffi la Crimée & même la plus grande partie de leurs autres pays aux *Komanes*, (autrement *Outzes* ou *Po-lovzes*), qui fecouerent auffi le joug des Gothes & de Grecs de la prefqu'isle.

Vers cette époque la ville de *Sougdaïa* (ou Soldaïa, aujourd'hui Soudak) devint fi confidérable par fon commerce, qu'elle donna fon nom à tout le territoire que les Grecs avoient dans la Crimée, lequel fut appellé Sougdia, Sougdania & Soldania. Jufqu'à l'année 1204 elle avoit toujours reconnu la fouveraineté de l'Empire de Byzance; mais alors ils fe rendirent indépendans, & fe choifirent des maîtres ou tomberent fous la puiffance de princes particuliers, tellement que du tems où les Ottomans en firent la conquête, il reftoit encore deux de ces principautés, l'une appellée de *Theodori* (qui eft Ingkjirmane), & l'autre de *Gothie* (qui eft le Mangoute).

En 1237 les Komanes furent détruits à leur tour ou fubjugués en Crimée par les *Mongoles* (ou Tatares), & alors on vit des princes Tatares apanagés & portant le titre d'Ouloug-beghi, fe répandre avec leurs hordes particulieres dans le plat pays, jufqu'à ce que Mengueli-Ghjeraï fondât proprement l'Etat de Crimée. Les Grecs & les Gothes payoient le tribut aux Mongoles, comme auparavant aux Komanes. Durant la premiere période de la domination Tatare, il vint grand nombre de *Tcherkaffes* (Circaffiens) s'établir en Crimée, jufque là qu'en 1333 Kierche étoit fous

la puiſſance d'un prince de cette nation, &
comme les Mongoles faiſoient un très - grand
commerce dans la ville de *Krim*, toute la
preſqu'isle en prit le nom, ſur-tout parmi les
orientaux, & ce nom eſt encore en uſage aujourd'hui.

Tant que les Latins furent maîtres de Conſtantinople, ils firent un commerce conſidérable à Krim, à Tamane, (Matriga) & à Tana, ſur-tout les Vénitiens. Mais lorſque les
Génois par un traité de 1261 avec l'empereur
Michel Paléologue, eurent obtenu l'exem-
ption des péages dans les Etats de la Grece
& la liberté de la navigation dans la mer noire, ils commencerent à s'emparer ſeuls du
commerce de la Crimée, à l'excluſion tant
des Grecs que des autres Latins. Ils eurent
même preſque toujours le deſſus dans les guerres ſanglantes qui en réſulterent, & ils rebâ-
tïrent, avec la conceſſion du Khan des Mongoles, la ville de *Kaffa*; ils en firent le centre de leur commerce, & la rendirent ſi conſidérable, qu'à ſon tour elle donna pendant
quelque tems ſon nom à la peninſule. Les
Génois firent peu à peu la conquête de Soldaja (Soudak) & de Cembalo (Balouklava). Ils
payerent à la vérité un tribut aux Mongoles,
tant que ceux-ci furent puiſſans; mais dès
que leurs diviſions inteſtines commencerent à
les affoiblir, les Génois ſecouerent auſſi leur
joug, & les princes du plat pays n'étoient la
plupart élus & dépoſés qu'avec leur agrément.

A cette époque le commerce de l'Inde en Crimée & dans les contrées voisines, étoit divisé
en deux branches; l'une par l'Amou, la mer
Caspienne & Astrakhan, alloit aboutir à *Tana*, & l'autre par Bagdad & Tavris, à *Trapezounte* & à *Savastopoli*; or Tana apartenoit
aux Génois & aux Vénitiens, quoique sous
la suprématie des Mongoles, & ils avoient des
Consuls à Trapezounte & à Savastopoli.

Ce fut en 1475 que la puissance *) Génoi-
se fut anéantie en Crimée, par la conquête
que les Turcs firent de Kaffa, de Soldaja, de
Cembalo, & même de Tana sur le Done; ces
nouveaux vainqueurs mirent fin en même
tems aux principautés de Gothie & de Theodori, établirent garnisons dans les principales
villes sur-tout de la côte, & tinrent par-là en
échec les Khans de Crimée, qui cependant
jusqu'en 1584 furent plutôt les alliés que les
sujets de la Porte, jusqu'à ce qu'elle parvint
à les nommer elle-même, ou du moins à les
confirmer quand ils étoient assez téméraires
pour se passer de sa nomination. Les Ottomans mirent d'abord à Kaffa un Sandgjak, &
ensuite un Beghjler-beghjilik, qui commandoit dans tous leurs domaines soit de Crimée,
soit sur le Done, soit enfin sur la mer d'Asove; de plus ils laissèrent à demeure une forte
garnison dans cette ville pour tenir en re-
spect les Khans.   Mais comme ils fermèrent
aussi

---

*) *Tyrannie*, selon Tott, I. 97.

auffi l'entrée de la mer noire à toutes les autres nations européennes, le commerce fut
prefque totalement ruiné, & toutes les livrai-
fons des places de la Crimée depuis ce tems,
fe bornerent aux productions du pays & aux
Efclaves.

Lorfque la fouveraineté de la prefqu'isle
paffa entre les mains de Mengheli-Ghjeraï,
elle n'avoit encore que peu de Tatares parmi
fes habitans; mais les guerres qu'il fit avec
eux fur les bords du Volga, lui fournirent
l'occafion de ramener avec lui en Crimée plufieurs milliers de Nogajis, qui furent obligés
de s'y établir. Il fut imité en cela par fes
fucceffeurs, qui peuplerent encore de la même maniere le Koubane & le pays d'entre le
Done & le Dnieftr. Aujourd'hui l'on compte
en Crimée environ 400,000 habitans; le prince Kantemir porte le nombre des *Kafanlar*,
c'eft à-dire, des familles, à 70,000.

La Crimée fut long-tems une puiffance for-
midable pour les Rouffes (Ruffes) & les Pôlnes (Polonois), jufqu'à ce que ces nations fe
furent perfectionnées dans l'art militaire. Jusqu'à la paix de Karlovitz chacune de ces puiffances fut obligée de donner chaque année
au Khane pour plus de 100,000 rixdales de
préfens, pour garantir leurs pays des incurfions des Tatares. Enfin les Ruffes font venus à bout de démembrer de fes Etats, de
grands territoires, & même enfin de s'établir
jufque dans la prefqu'isle: Mais auffi il en

eſt réſulté l'expulſion des Turcs & le retour de l'indépendance que la Crimée avoit perdu depuis ſi long-tems.

Les Tatares de Crimée ſont une branche du grand peuple des Turcs, quoique mêlés d'une multitude de Mongoles : leur langue, leur phyſionomie, leur hiſtoire, tout démontre cette origine. Mais ce ne ſont plus ces barbares auſſi dégoûtans que voleurs dont on a fait des portraits ſi révoltans.

A l'exception de quelques Nogaïs établis depuis peu dans la Crimée, ils habitent tous des maiſons, des villages, des villes, s'appliquant à la culture des terres, des vignes, des jardins, quoiqu'avec moins d'induſtrie qu'il ne faudroit, & élevant auſſi des troupeaux. Ces Tatares ne ſont la plupart que d'une médiocre ſtature, mais bien faits & avec de la régularité dans les traits. Leur ame ſe peint dans leur phyſionomie, on y lit leur probité & la bonté de leur cœur : Auſſi ſont-ils humains & amis des vertus ſociales, du reſte ſimples & crédules, ſoumis & complaiſans, officieux & dociles. Ils ont beaucoup d'intelligence & un eſprit flexible qui feroit ſuſceptible du plus haut degré de culture. Ils ont en général beaucoup perdu de cette valeur farouche qui les rendit ſi redoutables lors de leur premiere apparition en Europe. Les principaux d'entr'eux ſe diſtinguent encore d'avantage par leurs mœurs & leurs manieres aimables ; ils ſont vêtus très-proprement, avec

foin, & même avec fafte quand ils en ont le
moyen; leur coftume eft non feulement com-
mode, mais encore agréabie & préférable au
Turc, pour embellir & relever la figure & le
port. Leur coëfure, qui eft une efpece de bon-
net nommé *Kalpak*, eft verte, & c'eft par
cette couleur qu'ils fe diftinguent des autres
nations, comme Turcs, Mancates, Perfans &c.

Soit par eux-mêmes, foit par leurs efclaves (valets, felon Tott,) les habitans de la
Crimée cultivent prefque toutes les fortes de
grains, mais principalement, le froment, l'orge & le mil, furtout le mil à gros grains ou
forgo, tant rouge que jaune, de mêmes qu'un
peu de feigle, de lentilles, & d'avoine qu'ils
nomment *Thari*. Ils élevent dans leurs jardins d'excellens fruits, & entr'autres belles
plantes, le melon d'eau (Karpus). Ils ont
de grands troupeaux, tant de bètes à cornes
qu'à laine, & l'on connoît entr'autres l'efpece
dès brebis à poche, qui eft particuliere à la Crimée. Ils ont des chameaux & des dromadaires
*), & furtout beaucoup de chevaux, qui ne font
pas beaux, mais long-tems agiles & vigoureux. On fe nourrit dans le pays de pain fait
foit avec le blé, foit avec le millet, de bouillie
de mil, de ris, de dattes, de viande de bœuf

---

*) Le B. de Tott leur donne auffi les deux efpeces;
mais il veut nommer celle à deux boffes *dromadai-
re* & celle à une feule *chameau*; c'eft tout le contraire de ce que difent nos naturaliftes. (V. *Buffon*,
Bomare.)

& de mouton, de gibier ou venaifon, de poiffon, de laitage, de beurre de miel; mais on
mange peu de fruits & de légumes. La chair de
cheval eft encore du goût de plufieurs des habitans, mais ce n'eft plus un mets auffi commun qu'autrefois. Ils boivent du vin malgré
la défenfe, du koumyche, du cherbet *),
du botza, de l'hydromel, du rak qu'on leur
aporte. Ils aiment la bonne chere, & d'un
autre coté ils favent fupporter la difette &
la faim. Ils font extrèmement portés à l'hofpi-
talité; & partagent de grand cœur tout ce
qu'ils ont avec les voyageurs : fans s'informer
de leur culte.

En général on peut en tems de paix voya-
ger dans la Crimée, avec moins de commo-
dité peut-être, mais avec tout autant de fureté, & furtout avec infiniment moins de frais,
que dans les pays de l'Europe les mieux gouvernés. La plupart des maifons y font conftruites à la turque, & n'ont point d'apparence; mais dans l'intérieur elles ne manquent
ni de commodités, ni même d'ornemens. Ces
Tatares ne font point nomades & errans; ils
ont des demeures fixes, & prefque tous leurs
villages ou habitations, font entourés de bof-

---

*) On ne trouve point la compofition du Koumiche;
quant au Cherbet, que nous nommons Sorbet, M.
Tott dit qu'il eft compofé de pâtes de fruits au fucre, que l'on fait diffoudre dans l'eau, & du refte
tellement mufquées que l'on peut à peine goûter la
liqueur qui en réfulte.

quets & d'allées tant de cyprès que d'autres arbres.

On parle en Crimée un dialecte du turc, mais avec un si grand mélange de mots arabes & mongoles, qu'un turc ne l'entend pas sans peine, & encore moins les Nogaïs qui parlent avec beaucoup de précipitation & prononcent fort du gosier, presque comme les Arabes, outre que leur langage, qui est celui de Crimée, est cependant plus imparfait.

Le militaire des Tatares n'est rien moins que terrible; aussi connoissent-ils si bien l'avantage des troupes réglées & disciplinées, qu'ils évitent toujours de les attaquer, même avec la supériorité du nombre de leur coté. Leur talent est moins de combattre, que de battre le pays & de piller; néanmoins ils montrerent souvent une grande valeur dans la derniere guerre. Ils sont tous à cheval, & difficilement trouveroit-on une cavalerie plus légere. Il y a deux cents ans que le Khane avoit un corps d'infanterie composé de 800 Gothes, qui faisoit l'élite de son armée, & la cour ottomane avoit coutume de lui entretenir une garde à cheval de 2000 hommes (*Seïmenler*). Tout Tatare est soldat, & pour les rassembler de toutes parts, le Khane n'a qu'à indiquer le lieu du rendez-vous. Mais il s'en trouve beaucoup de trop vieux ou de trop jeunes pour entrer en campagne, & la plupart sont mal montés. Les riches s'arment de sabres, de fusils & d'une paire de pistolets; mais le plus grand nombre n'eſt armé que d'arcs & de flèches, ou d'une eſpece de broche de bois durci au feu & aiguiſé par le bout. Quant aux manœuvres ou évolutions, ils n'en connoiſſent que peu ou point. La Crimée ſeule peut mettre 80,000 hommes en campagne, qui paſſent pour beauconp plus braves que les autres Tatares de la domination du Khane.

Ceux de Crimée ſont diviſés en quatre kaſtes, hordes ou races, qu'ils nomment *Aïmaklar*, *Kabeïleler*. La premiere des *Chirines*; la 2ᵉ des *Bahrines*, ancienne horde qui en 1397 prit le parti de Toktamyche contre Timour-beghj; la 3ᵉ des *Manſoures* ou *Monſours*, (probablement auſſi *Mangoutes*; la 4ᵉ des *Soutchouvoudes*. Ces hordes ont leurs propres Béghjs, nommés *Kyrym-Beghjleri*, dont le principal eſt celui des Chirines, qui eſt en général la premiere perſonne de l'Etat après le Khane, quoiqu'il dût céder le pas au *Kalgha-Soultane* *).

---

*) M. Tott rend compte de cette conſtitution d'une maniere un peu différente. Selon lui : Après la famille ſouveraine on compte celle de *Chirine*, de *Manſour*, de *Sedgjoud*, d'*Argouine*, & de *Baroune*. Celle de Dgenghis-Khane fournit les ſeigneurs ſuzerains, & les 5 autres familles donnent les 5 grands Vaſſaux de cet Empire, nommés *Béghjs*, & toujours repreſentés par le plus âgé de chaque famille dans un ordre invariable. Les familles ennoblies ſont nommées *Mirza Capikouly* c. à. d. Mirzas eſclaves du prince, ont auſſi un Beghj qui le repréſente, & qui eſt le plus âgé, de la famille de *Koudalak*, diſtinguée par l'antiquité de ſon ennobliſſement. Cet ordre donne ſix Beghjs, qui réunis au ſuzerain, forme le ſénat, la cour *ilté*, la puiſſance ſuprême chez les Tatares. (Tott I, 104.)

Le *Chan*, (Khane) terme qui veut dire roi (v. l'introd. à l'emp. ott.) prétend fur les autres au titre de *Padichah*, c. a. d. Empereur*). Ils s'intitule : *Oulough Iortning, vé Tekht-Kyrymning, vé Dechti Kyptchakning, Oulough Khâni :* c. à d. Grand Khane de la grande horde, & du trône de Crimée , & des terres de Kyptchak (Kapdgjak). Il eft toujours du fang des Ghjéraï, qui eft divifé en deux branches , la véritable ou Chirinique, & la fauffe que l'on appelle *Dgjobane - Ghjéraï*, c. à d. les Ghjéraï pafteurs. **) La premiere eft

b 4

---

*) Selon Tott, *Padi - Chakh* eft compofé de deux mots perfans, *Padi* grand , & Chakh *roi*. (v. encore l'introd. à l'emp. Ott. même).

**) Il pourroit s'étre gliffé ioj quelque erreur dans les fources mémes où a puifé l'auteur : quoiqu'il en foit, voici ce que l'on trouve dans les Mém. de Tott, (II. 200. N.) & ce qui fe retrouve dans la Géogr. Comp. dont l'auteur doit avoir eu communication de ces Mémoires avant leur impreffion.
Le nom de Ghjéraï eft celui d'un Pafteur ou Berger (en tatare *Dgjobane*, ou *Tchobane*) qui lors du maffacre des Princes de la famille regnante (celle de Dgenghis) ordonné par un ufurpateur, trouva le moyen d'en fouftraire un encore au berceau, & de le remettre fur le tróne au bout d'une vingtaine d'années, & qui ne voulut d'autre récompenfe que celle de donner fon nom au prince regnant & à fes fucceffeurs, qui y joignirent celui de pafteur ou Dgjobane, état ou profeffion commune à tous les fimples Tatares. , Ainfi pour accorder ce récit avec celui de M. Thounmann, il faudroit croire que la propre famille de ce Tatare pafteur aura été diftinguée & élevée à la dignité de Soultanes, mais avec exclufion du trône: ce qui n'eft point hors de vrai-femblance.

toujours en poſſeſſion du gouvernement ; &
le ſeul de la ſeconde qui ait porté le titre de
Khane , eſt Kjær Ghjéraï , encore ne le por-
ta - t - il qu'un an , ſavoir après la bataille de
Vienne : cependant les Dgjobanes peuvent ,
être revêtus de la dignité de Kalgha & de Noureddine,   La plupart d'entr'eux habitent hors
de la Crimée , ſurtout dans le Dgjamboli.

Dans le commencement de la domination
ottomane , on vit encore les Khanes déſignés ,
par leurs prédéceſſeurs ou élus par le peuple ,
c. à. d. par les Kyrym - beghjleri , ou chefs des
hordes , & les députés des Nogaïs - mourſes ,
& regner juſqu'à leur mort , la cour de Stamboul ne faiſant que les confirmer.   Mais après
la ſeconde conquête de 1584 elle n'abandonna plus que rarement au peuple l'élection de
ſes maîtres , elle lui donna elle - même ou les
lui ôta ſelon ſes intérèts.   Le grand ſeigneur
ſe contentoit d'envoyer au Soultane déſigné
pour nouveau Khane , la peliſſe d'honneur , le
cimeterre & le turban de fourrure enrichi
de pierreries , par quelque courtiſan de diſtin-

Quant à l'excluſion des autres princes Dgenghi-
ſiens du trône en faveur des Ghjéraï , elle ne date
que du commencement de ce ſiecle , où Selim Ghjéraï , alors regnant , ayant ſauvé l'empire Ottoman &
refuſé le trône du croiſſant , le grand ſeigneur alors
regnant aſſura celui des Tatares à ſes deſcendans
au préjudice des autres branches collatérales. C'eſt
ce même Selim - Ghjéraï qui a reçu le ſurnom de
Hagdi , qui veut dire ſaint , à cauſe du pélerinage
de la Mecque qu'il obtint le premier la permiſſion de
faire.

fction, porteur d'un Khatti-Cherif ou ordre fi-
gné de fa main qui fe lifoit dans un Divane au
Kyrym-beghis affemblés; le Khane dépofé fe
retiroit fans murmure & fans réfiftance : &
au cas qu'il s'avifàt d'en faire, on le réduifoit
fans peine au moyen du corps de troupes que
l'on tenoit à Kaffa, & d'une flotte que l'on faifoit avancer vers la Crimée. L'isle de Rho-
des étoit le lieu ordinaire de fon exil. Dans
les derniers tems c'étoit quelque chofe d'extraordinaire que de voir un Khane regner fept à
huit ans. Aujourd'hui l'élection a été rendue
au peuple par la paix de 1774, & fe fait en
fon nom par les quatre Kyrim-beghis & quatre députés Mourfes, favoir du Boudgiak, de
Jedifane, de Dgjemboïlouk & de Jedichkoul.

Auffitôt qu'elle eft terminée, le nouveau
Khane s'affit au milieu d'un tapis étendu, &
tous les mourfes préfens, tête nue, lui crient:
Kop! Iacha! c. a. d. leve-toi, vis. Alors
les Kyrym-beghis prennent le tapis par les
quatre coins, élevent le nouvel élu, & le
proclament Khane de toutes les hordes Tatares. A l'échange des ratifications du dernier traité de paix entre la Ruffie & la Porte, ou en 1775, il fut convenu: „Que le
nouveau Khane, après fon élection, en don-
neroit avis aux deux cours; fur quoi le Grand-
Seigneur feroit tenu de le reconnoître, & de
lui envoyer la peliffe, le Doulband & le cimeterre; que d'ailleurs on continueroit les prieres pour ce prince dans les Mesdgjides (Mof-

quées) de la Crimée , de même que d'y frap-
per la monnoie à fon coin ; que les cadis y feroient inftallés par le Kadieleskjer de Conftantinople, &c. Mais le tout fous réferve ex-
preffe que la Porte n'acquerroit par là aucune
autorité quelconque fur le gouvernement du
pays au préjudice de fon indépendance, & que
le feul & unique but de ces cérémonies feroit d'indiquer le droit qui apartient au grand-
feigneur, en qualité de Khalife, de recon-
noitre un prince Mahométan ; de forte qu'en
un mot le tout n'auroit trait qu'à la religion
fans la moindre conféquence quelconque pour
le civil.„

Le Khane de Crimée eft traité par fes fujets
avec les marques du refpect le plus profond.
Ses prérogatives, dont il jouiffoit même lors
de la domination ottomane, font entr'autres :
la priere publique (Khoutba), la manuten-
tion des loix, le commandement de l'armée,
le pouvoir de hauffer ou baiffer à volonté le
titre des monnoies, d'établir des péages, d'im-
pofer à volonté fes fujets chrétiens & juifs, &c.
Sur tout le refte, fon pouvoir eft extrèmement
limité : il eft tenu de gouverner fuivant les
anciens us & coutumes *) ; il ne peut entre-

---

*) Les Tatares en effet n'ont point de droit écrit, fi ce
n'eft le Korane comme mufulmans ; c'eft de là qu'ils
ont pris cette loi turque qui livre le coupable à
l'offenfé ; le plus proche parent du mort a le droit
de difpofer du fang de l'affaffin. En Turquie il af-
fifte feulement à l'exécution, & peut faire grace ;
en Tatarie il eft chargé de l'exécution même ; l'offi-

prendre ni une guerre, ni aucune autre affai-
re d'Etat de quelque importance, sans le con-
sentement des Kyrym-beghis & des Nogaïs-
Mourses, qu'il convoque exprès à Baghtchasaraï
ou à Karasou, pour entendre ses propositions,
& les approuver ou rejetter. Sans leur appro-
bation par écrit & signée, il ne peut faire ni
loix, ni traités, ni ordonnances, concernant
la nation, qui aient force d'exécution. Or
dans les assemblées ou conseils, c'est le Beghi
des Chirines qui a voix prépondérante, & ses
décisions ont plus de force que celles du Khane même: il est vrai qu'il peut déposer les
beghis qui se montrent trop rénitens, mais
c'est une démarche qu'il n'ose guere hasarder,
& qui ne lui seroit pas fort utile, lors même
qu'elle réussiroit parfaitement. De plus le
Khane ne peut être juge des Soultánes, qui
sont les princes de la maison des Ghjéraï; ils
ne dépendent que du tribunal des Beghis as-
semblés en divane, qui peut même les juger
à mort. Enfin si le Khane vient à donner
quelques ordres contraires aux loix ou à ses
capitulations, les béghis peuvent s'y opposer,
& il est obligé de les révoquer.

Il fait sa résidence ordinaire à Baghtchasaraï, où il a un palais (*Saraï*) vaste & impo-
sant, consistant en quelques corps de bâtimens

---

cier du prince ne fait qu'y assister, le bras levé &
armé d'une hache d'argent. Du reste il n'est point
de pays où les crimes sont moins communs qu'en Tatarie. (Tott, I. 86.)

contigus, avec un jardin; il tient un harem confidérable, felon l'ufage des princes orientaux, & fa cour eft affez confidérable. Il tient auffi fon divane, qui eft prefque entiérement fur le pié ottoman. Ses principaux miniftres font: 1) Le *Kalgha-Soultane*, dont le département comprend le militaire, la défenfe du pays, & le commandement de toute l'armée au nom du Khane; il réfide à Akmesdgjid, & poffede Karafou, auffi bien que d'autres endroits; d'ailleurs c'eft toujours un prince du fang, & la cour de Stamboul s'étoit auffi arrogé la nomination de ce grand officier, lorfqu'elle faifoit un nouveau Khane. 2) Le *Kaïmakam*, qui eft le Lieutenant du Khane & le fupplée en cas d'abfence dans tout ce qui concerne le gouvernement; fes apointemens font de 3000 piaftres turques environ: quand il exerce fon emploi, c'eft-à-dire, lorfque le Khane eft abfent, il réfide à Bagtchafaraï, mais autrement il refte dans fes terres, à peu de diftançe. 3) Le *Moufti* de Crimée, autrement *Kadieleskjer* (M. Kleemann en fait deux emplois différens): il réfide à Bagtchafaraï; c'eft le chef du clergé & l'interprete de la loi dans tous les cas litigieux & de quelque importance. Il peut dépofer les Kadis quand ils ont mal jugé; mais depuis le traité de 1775, c'eft le Kadieleskjer de Conftantinople qui l'inftalle auffi-bien que tous les autres Kadis de la Crimée. 4) Le *Noureddine*, auffi pour l'ordinaire un prince du fang, eft le préfident de tous les tribunaux de province, tant grands que petits , & en tems de guerre il a de petits corps à commander.   5) Le *Kadieleskjer* (ordinairement *Kafi-Osker*), qui , felon M. Kleemann, a la police de Bagtchafaraï, & juge tous les différends qui ont lieu dans la ville ou dans fon territoire.   Au commencement de ce fiecle, il y avoit encore un *Or-Beghji*, c'eft-à-dire , général ou commandant des frontieres , qui outre leur défenfe, étoit chargé de veiller fur les hordes des Nogaïs hors de la Crimée: c'étoit encore toujours un Soultane , & fa réfidence étoit à Or *).

Ce titre de Soultane (*Sultan*) eft affecté aux princes de la famille de Ghjéraï : ils font les chefs nés de l'armée, c'eft d'entr'eux que l'on élit les Khanes, & la cour ottomane en penfionne une partie, ils ont d'ailleurs des terres tant en Crimée, que dans le Koubane & le Roum-Ili, ils peuvent bien être au nombre de 200.   La *Soultane-Valide*, communément *Ouhla-Soultane*, eft, ou la mere d'un Khane , ou fa fœur, ou l'une de fes proches

---

*) Outre ces grands emplois , dont les revenus font fondés fur certains droits perçus dans les provinces, il y a encore deux dignités féminines.   Celle d'*Ala-beghi*, que le Khane confere ordinairement à fa mere ou à l'une de fes femmes, & celle d'*Oulouckhami*, qu'il donne toujours à l'aînée de fes fœurs ou de fes filles.   Les princeffes ont plufieurs villages dans leur dépendance; elles y connoiffent des différens, & rendent la juftice par le miniftere de leurs Intendans, qui fiegent à cet effet à la porte du faraï la plus voifine du Harem. (Tott. I.)

parentes, qu'il éleve à cette dignité, ou qu'il confirme feulement: elle a des revenus confi-dérables, & prend le pas apres le Kalgha-Soultane.

Les *Kyrym - Beghljleri* font princes dans leurs hordes; c'eft le plus ancien des Mour-fes qui dans chaque horde eft élevé à la dignité de Kyrim-beghi, & confirmé par le Khane. Célui des *Chirines* réfide à Eski-Krim: il y a une nombreufe cour, un Kalghafoultane qui eft un prince du fang, un Kaïmakam, un Moufti Noureddine, un Kadieleskjer. Celui des *Bahrines* a auffi fon Kaïmakam, fon Noureddine, & fon Kadieleskjer; mais les deux autres n'ont que leurs Noureddines. On peut les comparer aux Pairs de certains royaumes; ils balancent le pouvoir du Khane, ils font les défenfeurs de la liberté du peuple, de même que des loix, en un mot les co-régens du Khane; ils l'élifent, le confirment, & peuvent auffi le dépofer.

Les *Mourfes* ou *Mirzas*, qui forment la nobleffe, font très - nombreux. Ils fe tiennent dans les villages qui leur apartiennent, & y vivent des contributions de leurs fujets. Ils font fort orgueilleux de leur nobleffe, & n'y dérogent jamais par des méfalliances; les Mourfes *Chirines* peuvent même porter leurs prétentions jufqu'aux princeffes filles du Khane. Ils ne prennent point de charges à la cour, & il n'y a que la derniere indigence qui puiffe les y faire réfoudre. Soit à pié, ſoit à cheval, ils ſe font toujours accompagner d'une troupe de domeſtiques. Ils ſont en gé‑néral fort bien élevés, & ont de l'aménité dans les manieres. Les ſimples Tatares ne ſont que les vaſſaux de ces Mourſes *).

Après les Tatares, les *Arméniens* forment le plus grand nombre des habitans de la Cri‑mée. Ils s'adonnent preſque tous au com‑merce; mais ils n'y ſont pas à beaucoup près auſſi riches que ceux des pays orientaux, & ils paſſent pour être livrés à l'indolence, à la fraude, à l'incurie & à l'ignorance.

Quant aux *Grecs*, qui jadis ont eu dans la Crimée des poſſeſſions ſi floriſſantes, il en reſte encore beaucoup dans le ſud du pays, partie dans les villages, partie dans les villes de commerce; mais ils ſont auſſi fort ignorans, fort bas & fort avilis. Il eſt probable que les reſtes des *Gothes* & des *Alanes* ſe feront fon‑dus avec eux, & ne forment plus qu'un mê‑me peuple.

Il reſte auſſi encore des *Italiens*, mais en petit nombre, à Caffa, à Sortache, & répan‑

---

*) Les terres ſont diviſées en fiefs nobles, en domai‑nes royaux, & en poſſeſſions roturieres. Les premie‑res, qui ſont toutes hereditaires ne relevent pas mê‑me de la couronne & ne payent aucune redevance. Celles du domaine ſont en partie annexées à certaines charges à titre de revenu, & le ſurplus eſt diſtri‑bué par le ſouverain à titre de gratification. Le droit d'aubaine eſt établi en Crimée à défaut d'héri‑tier au ſeptieme degré; le Khane en jouit ſur tous les biens nobles, & chaque Mourſe ſur les biens roturiers de ſon fief. (Tott. I.)

dus en différens lieux : ce font des defcendans de ceux qui s'établirent en Crimée lors de la domination des Génois.

Il s'y trouve beaucoup de juifs, même de la fecte des Caraïtes. Ce font d'anciens habitans, & l'on prétend même que dans le tems où les Khatzares furent maîtres de la Crimée, plufieurs de leurs princes embraſſerent le judaïsme.

Les *Tfiguenes* font auſſi extraordinairement nombreux, foit dans la prefqu'isle, foit dans les autres poſſeſſions du Khane.

Tous les Tatares font mahométans, & même de la fecte des Sonnites qui prétend à l'orthodoxie. Aujourd'hui même qu'ils font rentrés dans l'indépendance, ils reconnoiſſent encore l'Empereur ottoman pour leur chef en fait de culte religieux. Ils ont leur Moufti, leurs Mollahs, leurs Kodgias, leurs Kadis ; ces derniers font les juges. Ils font les cinq prieres par jour dans leurs Mesdgjides (*Mofquées*) & dans leurs Dgjamis, ils creufent des puits & fondent des Hanes ou *Karavane - Sarajs*, c'eft-à-dire hotels de Caravanes, le tout pour fe rendre agréables à Dieu; mais ils ne perfécutent jamais perfonne pour caufe de religion. Ils ont des écoles où l'on explique le Korane & où l'on enfeigne d'autres fciences moins relevées. Ils laiſſent aux Juifs & aux Chrétiens beaucoup de liberté pour leur culte. Les Arméniens & les Grecs ont plufieurs églifes dans les villes & dans la campagne;

pagne ; il y a en Crimée deux évêques Arméniens, l'un dans le monaftere de *Sourp - azvazazine*, c. à d. de la fainte Vierge, à Caffa, & fon diocefe s'étend à l'eft depuis cette ville jufqu'à Kabarda. Le fecond réfide dans le monaftere de *Sourp - Khatche*, c. à d. de fainte - Croix, à trois milles géographiques à l'oueft de Kaffa ou environ, & fon diocefe comprend la partie occidentale de la Crimée, & les autres poffeffions du Khane en Europe, jufqu'à Kaouchane en Beffarabie. Les Grecs ont auffi un Métropolitain à Kaffa, qui fe qualifie archevêque de Gothie & de Kaffa.

Depuis la conquête des Ruffes, la communauté de culte a procuré aux Grecs beaucoup de prérogatives & de libertés religieufes. Les Catholiques font ceux que l'on fouffre le moins, & les miffionnaires francifcains, jéfuites ou trinitaires, n'ont eu que bien peu de fucçès en Crimée.

En 1769 on portoit les revenus du Khane, y compris ce qu'il tire de la cour Ottomane à trois millions de piaftres, ou de florins ; (felon le B. de Tott, la piaftre turque équivaut à un écu de trois livres.) Cette fomme eft formée du produit de quelques domaines, de la dîme des grains & du bétail, du b utin fait à la guerre, du tribut des Nogaïs, de la redevance des fontaines, des extorfions exercées fur ceux qui ne font pas mahométans, des lacs falans, des monnoies, des péages, &c. Autrefois, lorfque les Tatares pou-

voient fe livrer plus aifément au pillage , &
que les puiffances chrétiennes du voifinage
étoient reduites à en acheter la paix par des
préfens annuels confidérables, les revenus du
Prince l'étoient auffi beaucoup plus qu'ils ne
le font de nos jours *).

C'eft à Kaffa & à Gœsleve que fe fait le
plus grand commerce de la prefqu'isle ; celui
des efclaves eft fur-tout fort confidérable à
Kaffa, & enfuite celui du poiffon falé , du
kaviar, du fel, du blé, de l'orge, du millet,
du beurre & du vin.   On exporte auffi
beaucoup de laine, des peaux fines de moutons
tant noirs que gris fur-tout, des peaux de brebis tondues & paffées au blanc , de la viande
de bœuf, du fuif, du pétrole, du miel, de
la cire, &c.   La plupart des affaires fe font
par voie d'échange.

Les monnoies turques ont cours dans toute
la Crimée, & quant aux monnoies vraiment
tatares, il n'y en a que de deux fortes.
1) Le *Beas-Bæchlick* (Bechelique), ou piece
blanche de cinq, qui eft d'argent & vaut

---

*) Les revenus du Khane montent à peine à 600,000 L.
pour l'entretien de fa maifon ; cependant nombre de
Mirzas vivent à fes dépens, jufqu'à ce que le *droit*
d'aubaine lui fourniffe le moyen de leur concéder
quelques biens domaniaux.   Mais auffi la levée des
troupes ne lui coûte rien, toutes les terres étant te-
nues à redevance militaire ; de plus il ne fupporte
aucuns frais de juftice, qui fe rend *gratuitement*
dans tous fes Etats.   Pourquoi le droit tatare
d'aubanie s'eft il confervé chez nous , tandis que l'autre ufage tatare de *juftice gratuite*, s'eft perdu depuis
tant de tems ? (Tott. II.)

cinq Kara - Bæchlik ou vingt Achtzes. 2) Le *Kara - Bæchlik*, ou piece noire de cinq, qui eſt de cuivre avec un peu d'argent, & ne vaut que cinq Achtzes.

Les monnoies fictives ou de compte, ſont les ſuivantes. 1) L'*Achtze*. 2) La *piaſtre* tatare, nommée *Grouche* ou *Tchurig*, qui vaut toujours 20 Kara - Bæchlik, ou cent Acht-zes : Il en faut ſept & demie pour une piaſtre turque, & $22\frac{1}{2}$ pour le ducat turc ou altune : du moins les choſes étoient ainſi en 1769; mais le cours du change eſt ſujet à beaucoup de variations, & les valeurs hauſſent ou baiſ-ſent ſelon que le Khane le juge à propos pour ſon tréſor.

Dans le dénombrement que fit faire en 1740 Mengheli Ghjéraï Khane II, on trouva dans la Crimée 48 *Kadilikler* ou bailliages, 9 vil-les, & 1399 bourgs ou villages. Voici les noms des Kadilikes :

1 Or - Kapouſi ou Pe-récop.	12 Samardgjik
2 Sakal	13 Karaoul
3 Seyd - Ely	14 Menghite
4 Nouſſouf	15 Karakoude
5 Tamak	16 Diptarkhane
6 Bæche - paré	17 Boïnak
7 Botchaly	18 Ghiousleve ou Gœsleve.
8 Cheikh - Ely	19 Tchongar
9 Seidler	20 Ribate ou Ara-bate
10 Kouteche	
11 Tcheterlyk	

21 Kierche - Bæche-Parmak
22 Orta-Kierche
23 Dip-Kierche
24 Ienghi-Kaleh
25 Mangoute ou Mankoupe
26 Soudak
27 Kjeffé ou Kaffa
28 Eski-Krim
29 Chirine
30 Itcheli
31 Argoune
32 Tachely
33 Karafou
34 Koutchouk-Karafou
35 Chagmortchy
36 Tchountche
37 Salguir
38 Takly
39 Daïr
40 Karagœs
41 Tfavié
42 Oulane
43 Bouraltchi
44 Akmesdgjid
45 Taketly
46 Bagtcha-faraï
47 Katchy
48 Balouklava.

Les dix-neuf premiers font fitués dans la *plaine* ou *plat pays*, c'eft-à-dire, au nord du Salguir & du Boulganak ; les cinq fuivans fe trouvent fur la *prefqu'isle de Kierche*, & les 24 autres dans la *partie montagneufe* & arrofée de rivieres & de lacs de la Crimée.

Je divife cette prefqu'isle en 1) partie de montagnes, 2) partie de plaines, & 3) prefqu'isle de Kierche. Cette divifion n'eft pas nouvelle, mème chez les Tatares, & outre cela elle eft d'une grande utilité pour l'hiftoire & pour la phyfique, par rapport à ce pays.

1. *Partie de montagnes.*

Elle contient les 24 derniers bailliages, comme nous l'avons dit; & voici les endroits les plus remarquables.

1) Les ruines de *Kherfone.* Elles fe voient fur toute la côte nord-oueft de la prefqu'isle autrefois nommée la petite Kherfonèfe, formée par le Limane de Kherfone, ou, comme l'on dit aufli, par le port d'Achtjar (autrefois *Ktenoufe*), par celui de Balouklava, & par la mer. Cette peninfule a un terroir fertile, mais jaunâtre, uni vers le fud, montagneux vers le nord, où étoient jadis les jardins & les vignobles des habitans de Kherfone, en grande quantité: Aujourd'hui la contrée eft inculte & fauvage, où l'on ne voit que des troupeaux innombrables de bétail & de brebis. La ville, que les grecs & les romains nommerent *Cherrhonefus*, *Cherrhone* & *Cherfon*, avec le furnom de *Trachea*, nommée aujourd'hui par les Rufles *Korfoune*, par les italiens modernes *Sarfone*, par les Arabes & les Tatares *Sari-kjirmane*, étoit autrefois la plus grande & la plus belle ville de cette partie de l'Europe, comme le principal entrepôt du commerce avec les peuples du nord. Elle avoit été bâtie au commencement du 6e fiecle avant la naifl. de J. C. par les Heracléens du Ponte & par les Déliens; elle conferva fa liberté jufqu'au tems où elle fe donna à Mithradate (Mithridate), apartint quelque tems aux rois de Bofporus, reprit fon indépendance, & fut affranchie de tous impôts en 322 par Conftantin le grand. Depuis ce tems elle eut fous fa domination toutes les places de la côte méridionale de Crimée (en grec *Kaftra toon Klimatoon*) jufqu'à Kaffa, & enfin jufqu'à Hadgjilar. Enfuite elle fut affiégée par les Turcs en 579, & cruellement maltraitée par Juftinien II en 710; elle devint en 839 le fiege d'un Stratègue (Strategus) & d'un Métropolite; fut prife en 988 par Vladimir le grand, & rendue par ce prince après

qu'il s'y fut fait baptifer. Mais la ville de Soudak, & enfuite celle de Kaffa, s'étant fucceffivement emparées de tout le commerce, Kherfone tomba en décadence ; cependant il y refta un évêque latin jufqu'en 1333 ; mais en 1578 il n'en fubfiftoit déja plus que les murailles avec quelques tours conftruites d'énormes pierres de taille, dont l'architecture & la grandeur rendoient témoignage de l'ancienne magnificence de cette ville. Les églifes & les maifons avoient déja été rafées, & les Turcs en enlevoient fans relâche des colonnes de marbre & de porphyre - ophite. Aujourd'hui l'on n'y voit plus qu'un grand monaftere grec, de magnifiques aquéducs avec des canaux de pierre de ta lle, quelques ruines & les noms mutilés de Kourfoune (Kurfun) & de Cherfone.

A trois milles de cette ville, on trouve fur la même peninfule le couvent de St. George fur le promontoire autrefois nommé Parthénione. C'eft là que fut jadis le temple & la ftatue de Diane taurique ; aujourd'hui les Grecs de Crimée font tous les ans un pélerinage à St. George.

2) *Ingkjirmane*, nommée par les Grecs *Theodori*, étoit autrefois une ville célebre, riche & floriffante ; aujourd'hui c'eft un petit bourg, avec un fort & un port fitué au nord du Limane de Kherfone, environné de montagnes qui fourniffent d'excellentes carrieres de marbre & d'ophite. Autrefois on y manquoit d'eau douce ; mais les princes d'Ingkjirmane y ont fait creufer une grande quantité de puits, dont la plupart fubfifte encore. La ville à laquelle Ingkjirmane doit fon exiftence, fe nommoit *Eupatoria*, enfuite *Dory*, *Doros* ou *Doras*, bâtie par Diophante, l'un des généraux du grand Mithradate. Les Khatzares la prirent en 679 aux Gothes, qui la reprirent à la fin du 8e fiecle, mais la reperdirent encore. Depuis 1204 elle eut fes princes particuliers, entre lefquels il faut mettre Conftantin dernier empereur de Byzance, avant fon avénement au trône. Les Turcs la prirent en 1475, & y mirent une gar-

nifon ; mais après qu'elle eût infiniment perdu fous leur domination , ils l'abandonnerent aux Tatares. Sa pofition fur une haute montagne la rend très-for- te. On voit dans cette montagne plufieurs grottes & chambres taillées dans le roc vif. On lifoit enco- re en 1578 fur les portes & fur quelques corps de bâtimens du château, des infcriptions grecques avec les armes des anciens princes. Deux routes pavées , & les ruines de plufieurs belles maifons de plaifance éparfes dans tous les environs, font des témoignages affez évidens du commerce, du luxe, & des richeffes des anciens habitans.

3) *Belbek*, petite ville plus loin vers le nord, fur une riviere du même nom & près de fon embou- chure, du refte dans une agréable contrée.

4) *Mangoute* ou *Mankoupe*, anciennement *Gothie*, & le *fort de Gothie*, (en grec *Gotthia*, *Kaftron Gotthias*) fituée fur une montagne très-élevée , prefque inacceffible & dont le fommet offre un large plateau, au bord de la riviere de Kabarta. C'étoit autrefois une ville forte & confidérable, munie de deux châteaux, ornée de magnifiques églifes & de beaux édifices , réfidence des princes Gothes de Crimée. En 754 elle avoit déja un évêque, qui devint mé- tropolite dans la fuite. Quelque tems après elle fut prife par les Khatzares ; enfin les Turcs s'en empare- rent en 1475 , & y mirent une garnifon : mais cette ville ayant été prefqu'entiérement confumée par les flammes en 1493 , ils l'abandonnerent , comme il paroît , aux Tatares , dont les Khanes y ont fou- vent cherché un afyle pour leurs perfonnes & pour leurs richeffes, lorfquils fe croyoient menacés d'une révolte ou de quelque autre danger. En 1578 le château fupérieur étoit encore fubfiftant ; c'étoit un édifice fort élevé & conftruit en pierres , avec un portail de marbre orné d'infcriptions grecques , dans lequel les Khanes avoient autrefois coutume de faire enfermer les ambaffadeurs de Ruffie. Il reftoit auffi deux églifes , favoir, celle de St. Conftantin & celle

de St. George, fur les murs des quelles fe voyoient, au rapport de Broniowski, les portraits de ceux des empereurs & des impératrices desquels defcendoient les derniers princes (grecs) de Gothie. Aujourd'hui c'eft un bourg de 50 maifons, habité par des Juifs & très-peu de Tatares, où en 1560, il reftoit encore des Gothes, qui poffédoient auffi alors un bourg à quelque diftance, nommée *Chouren* ou *Chivarine*.

On voit près de *Cherkeskjirmane*, à un demi-mille de Mangoute, vers le nord-oueft les ruines d'une ancienne ville dont le nom s'eft perdu. La montagne fur laquelle elle étoit affife, aujourd'hui couverte de bois, offre plufieurs grottes & chambres taillées dans le roc avec un travail admirable. On trouve parmi les ruines d'une églife des colonnes de marbre & d'ophite. En général les montagnes & les forêts qui font autour de Mangoute & de Baghtcha-faraï, font couvertes de ruines de villes ou de châteaux, qui font affez voir à quel degré la population de ces contrées fut jadis floriffante.

5) *Baghtcha-faraï*, l'une des plus grandes villes de Crimée, & la réfidence du Khane, fituée dans une vallée longue & très-riante, formée par deux rangées de montagnes, & fur la petite riviere de Tchuruk-Sou. Elle n'a été bâtie qu'au 16e fiecle, & a tiré fon nom, auffi-bien que fon origine, d'un jardin que les Khanes avoient dans ce vallon, avec une maifon de plaifance. Les maifons, qui font au nombre de 3000, font éparfes & ifolées, la plupart mauvaifes, & faites de terre & de rofeau. Les principaux édifices & les plus beaux, font le Saraï (palais) du Khane, un Mesdgjid (une mofquée), & la maifon du conful françois. Cette ville fut prife par les Ruffes en 1736 & en 1771. On voit dans fes environs plufieurs maifons de plaifance qui apartiennent au Khane, à fes femmes & aux différens Soultans. (M. le B. de Tott, qui étoit à Baghtchafaraï en 1767, fait la defcription la plus pitoyable de la maifon du conful françois, qui lui fut deftinée pour logement. Il

rapporte auſſi que les maiſons s'y conſtruiſent de poteaux ſur lesquels on aſſujettit des baguettes de cou-
driers, que l'on recouvre par dedans & par dehors
d'un enduit de blanc en bourre.)

6) *Tchifoute-Kalehſi* (citadelle des Juifs,) ou ſim-
plement *Kalch* (forterefſe), eſt un bourg d'environ
120 maiſons, habité par des Juifs Karaïtes, à l'extrémité occidentale du vallon de Bagtchaſaraï, à une
demi-lieue de cette ville, avec un château aſſis ſur
un roc élevé. Son ancien nom, qui eſt auſſi le véritable eſt *Kyrk*, que les écrivains italiens & polonois écrivent *Kerkri*, *Kerkher*, & *Kirkjel*. C'étoit
la réſidence des anciens Khanes de Crimée, nommés ſouvent pour cela par les Polonois, Kirkjelski,
Aboulfeda ne commence à en faire mention que dans
l'année 1344. On y jouit d'une perſpective dont la
beauté eſt incomparable ; mais on n'y a d'eau que
celle qui s'y tranſporte ſur des ânes du pié de la montagne. C'eſt dans cet endroit, ou à peu de diſtance, qu'étoit l'ancienne ville de *Phoulli*, qui exiſtoit
déja en 576. Sous les Khatzares, elle avoit ſon prince particulier ; enſuite ce fut le ſiege d'un évêque,
auquel ſuccéda un Archevêque, dont le dioceſe fut
enfin réuni à celui de Soudak.

Tepekjirmane, c. à d. le château du ſommet, eſt
une haute montagne iſolée, en forme de pain de ſu-
cre, à l'extrémité ſeptentrionale du vallon de Katchi,
à une demi-lieue de Baghtchaſaraï, ſur la pointe de
laquelle on voit encore les reſtes d'une forterefſe
qui paroît dater de la plus haute antiquité. Tout le
rocher eſt couvert d'une infinité de grottes & de cavernes diſpoſées dans un ordre particulier, à-peu-près
comme les colombiers des anciens ; on peut auſſi
conjecturer qu'elles étoient deſtinées à ſervir de ſé-
pulture. Il y a une autre montagne fort haute à une
demi-lieue plus loin au Sud coupé à pic depuis ſon
ſommet dans le vallon, qu'il borde à l'oueſt ; depuis
la moitié de ſa hauteur juſqu'à la cime on y trouve
de ſemblables cavernes, diſpoſées dans le méme ordre.

7) *Sortache*, eſt un gros village à un mille au ſud-oueſt de Baghtchaſaraï, où l'on retrouve des deſcendans de pluſieurs familles génoiſes, comme des Doria, des Grimaldi, des Spinola, &c. qui y ont été envoyés, avec de grands privileges, après la conquête de Kaffa par les Turcs.

8) *Alma* ou *Almaſaraï* petite ville ſur la riviere d'Alma, où le Khane a une maiſon. Du tems des Génois, les Italiens l'appelloient *Kalamita*, qui donnoit ſon nom au Golfe de Felenk-Bouroumi, dans lequel ſe jettent l'Alma, le Katchi & le Kabarta. La côte ſeptentrionale de ce golfe ſe nomme aujourd'hui *Bache-Limane* (les cinq ports;) & celle du ſud, *Oudœrt-Limane* (les 14 ports), par ce qu'en effet l'on y en trouve autant, bons ou mauvais *).

9) *Akmesdgjid*, avec le ſurnom de *Soltane-Saraï*, parceque c'eſt la réſidence du Kalgha-Soultane, eſt une ville dont la ſituation eſt d'une beauté extraordinaire, au pié des montagnes qui s'étendent delà juſqu'à Kaffa, & ſur le bord du haut Salguir. Elle peut avoir 1800 maiſons: les Ruſſes l'ont priſe en 1736 & en 1771.

---

*) Il n'eſt pas ſans apparence que *Limane* ne ſoit le grec *Limné* un peu défiguré ; & puiſque nous haſardons une étymologie, nous pouvons ajouter que le nom de *Gatzare* ou *Katzar* pourroit bien être devenu injurieux en allemand par ſa tranſportation en *Ketzer*, comme *Roulgare*, *Boulgre*, *Bougre* l'eſt devenu en françois: joignons-y *Esclave*, qui vient de *Slave* ou *Sklave* (Esclavon); conjeƈtures qui ne manquent pas de fondemens hiſtoriques. Par exemple, on ſeroit bien étonné de retrouver chez les Tatares pluſieurs meubles & pluſieurs uſages Européens, & d'apprendre que ce ne ſont pas les Tatares qui les tiennent des Européens, mais tout le contraire: or c'eſt cependant ce que M. le B. de Tott a vérifié ſur les lieux par ſes obſervations, & ſur-tout dans ſes converſations avec les vieillards du pays. (v. entr'autres Mém. I. 104. 188.

10) *Kara-fou* ou *Karas-bafar*, appe'lée autrefois par les Grecs *Mavron-Kaftron*, l'une des plus grandes villes de la Crimée, fituée dans un vallon & dont les environs font très-rians. Le grand Karafou coule au milieu de cette ville, & elle apartient au Kalgha-Soultane. Les francifcains y avoient un couvent, dès le commencement du 14e fiecle. Les Ruffes la prirent en 1737. La plus grande partie de fes habitans font des Arméniens, des Grecs & des Juifs, quoiqu'il s'y trouve auffi des Turcs & des Tatares.

11) *Eski-Kyrym* ou *Eski-Krim* (c. à d. l'ancien Krim), eft un bourg d'environ 600 chetives maifons, dans une contrée couverte de bois, au pié de la montagne d'Aquirmiche-Dag, fur le Tchuruk-fou, à trois milles géographiques de Kaffa. Ce n'eft que fous la domination Tatare qu'on lui a donné le nom de *Krim*, qui veut dire forterelfe, & qui a paffé à toute la prefqu'isle. Du tems des Komanes, elle avoit celui de *Solgate*, qu'elle porte enfuite dans les hiftoriens Arabes & Italiens. Les grecs la nommoient *Karea* ou *Karcon-polis*. Elle exiftoit dès le 6e fiecle, & dans le 13e elle étoit la plus grande ville de toute la Crimée, enrichie de belles Mesdgjides (mofquées) & de grands colleges où 'l'on enfeignoit les fciences Arabes. Elle faifoit un commerce confidérable, & il y venoit des Karavanes même depuis Khovarefm; fes habitans étoient riches, mais hautains & méchans. C'étoit auffi la patrie du Soultane Bibars, qui regna fur l'Egypte. Cette ville commença à décheoir fous les Tatares, quoique le commerce des efclaves y fût encore confidérable dans le quinzieme fiecle; il y avoit un couvent de francifcains dès l'an 1320. En 1434 les Génois tenterent vainement de s'en emparer. Les Khanes y ont fait battre monnoie, & c'eft la réfidence du Chirine-beghji. Il y a un couvent Arménien à peu de diftance de la ville.

12) *Kieffé* ou *Kaffa* (en grec (*Kaphâs*), la plus grande ville & la plus importante de la Crimée. On a coutume de l'appeller *Kyrym-Stambouli* c. à d.

Conſtantinople de Crimée, ou *Iarim-Stamboul*, petite ou demi-Conſtantinople. Elle eſt étroite & longue, 'aſſiſe ſur la croupe d'une colline de ſable & de rocailles, toute nue, ſur le bord de la mer, enceinte de hautes murailles munies de tours, mais à moitié ruinées, deux châteaux, environ 4000 maiſons, & beaucoup de moſquées dont une ſeule a de l'apparence. Il n'y a pas long-tems que les grecs y avoient douze égliſes, les Arméniens 32 les catholiques une ſous le vocable de St. Pierre; mais cette derniere & pluſieurs des autres ſont ruinées aujourd'hui. Cette ville, qui ſe nommoit autrefois *Theodoſia* ou *Theudoſia*, fut bâtie par les Miléſiens, & agrandie par les émigrans du Boſporus; mais Leucone, ſouverain de ce royaume, la prit & en fit une place conſidérable de commerce. Mais l'an 131 de l'ere chrétienne, elle étoit déja déſerte & dévaſtée. On éleva ſur ſes ruines une forfereſſe (*Kafas*), que les habitans de Kherſone enleverent aux rois du Boſporus en 350, de ſorte qu'elle fut dans la ſuite comptée dans les Klimata de cette ville. Enfin vers l'an 1262 le génois Baldo Doria y bâtit une ville que ſon grand commerce & ſon heureuſe ſituation rendirent ſi puiſſante & ſi floriſſante qu'elle donna ſon nom à toute la Preſqu'iſle. A la vérité les Vénitiens la prirent, en 1297, mais ils ne la garderent pas long-tems. En 1320 on y érigea un évéché catholique dont le dioceſe s'étendoit depuis Saraï ſur le Volga juſqu'à Varna dans la Boulgarie. Elle reçut bientôt après, un évêque Arménien-Uni, & l'on y érigea un grand college pour cette nation. En 1344 & 1345 Dgjanibek-Khane l'aſſiégea inutilement, & le pape Clément VI voulut faire une croiſade pour ſa délivrance. En 1357 on renouvella & fortifia l'enceinte des ſes murailles; & comme elle ſervoit de refuge à tous ceux que la terreur des armes ottomanes chaſſoit des pays voiſins, 'ſa population, ſon opulence, ſa beauté, prenoient chaque jour de nouveaux accroiſſemens. Enfin Kaffa devint en 1475 la proie

de ce peuple conquérant : la plupart de fes riches habitans qui ne purent pas prendre la fuite , furent
tranfportés à Conftantinople, il ne refta dans fes murs
que la populace. Depuis ce tems là Kaffa eft deve-
nue le fiege d'un Sandgiak , enfuite d'un Beghjer-
beghj ; mais elle n'eft plus que l'ombre de ce qu'elle
a été. Les Ruffes s'en emparerent en 1771 , & par
la paix de 1774 elle eft rentrée fous la domination
du Khane. Elle a un beau port , qui peut contenir
plufieurs centaines de bâtimens marchands : c'eft là
que fe fait le plus grand commerce d'efclaves , &
que font les plus riches marchands de la Crimée.
Avant la conquête des Ruffes, les Turcs faifoient la
plus grande partie de fes habitans, & après eux les
Arméniens étoient les plus nombreux ; enfuite les
Juifs, les Grecs , les Tatares, les Mingréliens , &
les Catholiques, qui font des defcendans des Génois.

13) *Soudak* ou *Soudag* , à l'oueft de Kaffa eft
une petite ville qui a un bon port mais peu fpacieux.
Elle eft fituée fur une haute montagne de rocher à
quelque diftance du rivage. C'étoit autrefois une ville
très - grande & très - floriffante , dont l'ancien nom
grec étoit *Sougdaja ;* fon nom moderne eft *Sidag-
hios.* Les Italiens l'ont auffi appellée *Soldaja , Sol-
dadia , Sardaja , Saldadia.* Le Géographe de Nou-
bie lui donne le nom de *Chalcadia ,* & Aboulfeda celui de *Soudak ,* qu'elle a reçu des Mongoles. Elle
avoit un évêque dès l'an 786 ; enfuite elle fut le fiege d'un métropolite. Sous les Komanes , & avant
que Kaffa l'eût effacée, c'étoit la plus fameufe place
de commerce de la Crimée ; les Ruffes y apportoient
les marchandifes du Nord, & les Turcs celles de l'A-
fie mineure , du Levant & des Indes, de façon
qu'elle donna fouvent alors fon nom à toute la presqu'isle. Dans le tems de fa fplendeur elle doit avoir
eu quelques centaines d'églifes. Depuis 1204 jufqu'en 1365 , elle fut libre) toutefois en reconnoif-
fant la fuprématie des Komanes , & enfuite des
Mongoles. Elle avoit des habitans de toutes les na-

tions & de toutes les fectes de religion, parmi lef- quels Moslemin (Mufulmans) devinrent fi puiffans, qu'ils en expulferent les Chrétiens en 1323. Les francifcains y avoient dès lors un couvent. Mais en 1365 elle paffa au pouvoir des Génois qui y établi- rent un évêque catholique. Enfin les ottomans la prirent en 1475. Il ne refte plus de fes murailles & de fes trois châteaux que des ruines & une tour dé- labrée. Jufqu'à la diftance de deux milles à la ron- de, on ne voit que des jardins & des vignes, & le meilleur de toute la Crimée.

La côte entre Soudak & Kherfone qui eft fort éle- vée & hériffée de montagnes, étoit autrefois bordée d'une quantité de villes & de châteaux que l'on com- prenoit fous le nom général de *Klimata* ou *Kaftra toon Klimatoon*, & peuplés d'habitans de toutes les nations du monde, dont les plus remarquables étoient les Gothes & les Alanes. En 1253 il avoit environ 40 de ces bourgs, dont les plus remarquables qui fub- fiftent encore, font les fuivans.

14) *Alouchta* ou *Alouchty*, autrefois *Aloufiou Phrourion*, bourg fur le bord de la mer, & au pié du Dgjadir-Daghj; la plus haute montagne de Cri- mée, bâti par l'empereur Juftinien, & auquel le Géographe de Nubie donne le nom corrompu de Chalouftah.

1) *Lambate*, autre bourg encore à l'oueft, à peu de diftance du rivage, fur les deux bords d'une ri- viere, avec une baie. Il en eft fait mention 105 ans avant la naiff. de J. C. par Skymnous fous le nom de *Lampades*; Arien la nomme *Lampas*, & le Géo- graphe de Nubie *Lobadah*; ce dernier la donne pour une ville.

16) *Parthenik*, autre bourg fur le bord de la mer, étoit déja une ville de commerce dans le huitiéme fiecle; & la patrie de l'évêque St. Jean de Gothie, fon nom étoit alors *Parthenitæ*, & le Géographe de Nubie, qui en fait auffi une ville, lui donne celui de *Partaniti*.

17) *Ourſova* ou *Kourſouf*, encore un bourg ſur
la côte, dont l'ancien nom eſt *Gourſouvitæ*, ou *Kou-*
raſaïta. Juſtinien I y fit élever un fort, & dans le
huitieme ſiecle c'étoit une ville commerçante.

18) *Ialita* ou *Ialta*, bourg avec une baie, encore ſur le bord de la mer, que le géographe de
Nubie nomme *Dgialita*, & qui apartint aux Komanes. Il regne derriere ces quatre derniers
bourgs une longue chaine de hautes montagnes
nommées *Sinab-Daghi*, autrement *Aja-Daghi*,
qui s'étend juſqu'à Balouklava, & ſur les quelles ſe
trouve une plaine aſſez étendue, où habitoient encore au 14e ſiecle les As, peuple démembré des Alanes. La pointe de terre qui du pié de ces montagnes
s'avance le plus dans la mer, étoit fort connue anciennement ſous le nom de *Kriou-Metopone*, à 220
ſtades de Lambate, & à 300 de Balouklava. De cette façon il faut y comprendre le promontoire de *Kir-*
kinos Bourouni, où ſe trouve l'égliſe de St. Théo-
dore; car les autres promontoires, *Kara-Kaja* &
Aja-Bourouni, ſont ſitués beaucoup trop avant
vers l'oueſt, du moins ſelon le rapport de Peyſſonnel,
le ſeul que nous ayons ſur ce ſujet.

16) *Balouklava*, eſt une petite ville ſur la côte
orientale de l'embouchure du Limane qui en porte le
nom, ſituée ſur une haute montagne, & compoſée
d'environ 300 chetives maiſons, habitées la plupart
par des Grecs, des Juifs & des Turcs. Le port eſt
petit, mais l'un des meilleurs & des plus ſûrs qui
exiſtent nulle part, environné de toute part de hautes montagnes, & dont l'entrée n'a que 40 pas de
largeur. Le plus ancien nom grec de cet endroit
étoit *Symbolon Limên:* au 4e ſiecle on trouve déja
Symbolon ou *Symboulon*. Les Italiens ont fait de
ce nom *Cembalo*, *Cimbaldo*, & les Grecs modernes
Iamboli. Au 14e ſiecle, lors de la domination des
Génois, c'étoit une ville floriſſante, elle devint le ſiege d'un archevêque catholique, & en 1320 les franciſcains y avoient déja un couvent. En 1433, elle

fut enlevée aux Génois par Alexius prince de Theodori (Ingkjirmane); mais ils la recouvrerent l'année d'après. Enfin en 1475, elle passa sous la domination des Ottomans avec les autres possessions des Génois, & depuis on y a établi un chantier de construction. Le nom de Balouklava signifie un étang de poissons, ou un vivier.

2. *Partie du plat pays.*

C'est celle qui contient les dix-neuf premiers bailliages : voici les lieux les plus considérables qui s'y trouvent.

1) *Gæsléve* ou *Ghiusléve* (que l'on trouve écrit ailleurs *Gueuzleve*), est une des villes les plus importantes de la Crimée. Elle est située sur la côte septentrionale d'un golfe, qui lui forme une baie avec un petit port si peu profond qu'il ne peut recevoir que des barques, ce qui n'empêche pas qu'il ne s'y fasse un bon commerce. C'est jusqu'à present le lieu où les Nogaïs orientaux ont coutume de porter la plupart des productions de leur pays. Les Turcs y portent du ris, du caffé, des figues feches, des raisins fecs, des dattes, des draps, des étoffes de foie, & remportent des esclaves, des grains, fur-tout de l'orge & du fel. Cette ville est enceinte de murailles munies de tours ; elle a environ 2500 maisons en pierres ; plusieurs belles mosquées, & le plus grand nombre de fes habitans font Tatares, Turcs, Grecs, Arméniens & Juifs. C'étoit probablement au même lieu que fe trouvoit l'ancienne *Kerkinitis*, qui fut dans la fuite nommée *Koronitis* : Les Russes l'appellent *Koslove* ; ils l'ont prife en 1736 & en 1771.

On trouve à trente verstes de Gæsléve vers le fud & près de la mer, deux lacs falans d'environ deux milles de circuit, d'où l'on tire une quantité prodigieuse de fel, qui s'y forme pendant les mois d'été.

2) *Dip-*

2) *Dip-Tarkhane* eft le nom du grand promontoire peu élevé qui s'étend le plus loin au nord-oueft & dont l'extrémité la plus avancée porte le nom d'*Eski-foros*, c. à d. le vieux phare, ou *Kokino-funar*. Son ancien nom étoit *Tamyrake*, que prenoit auffi le golfe qui fe prolonge entre la Crimée & le Nogaï oriental jufqu'à l'ifthme d'Or. Enfuite elle s'appella *Nekropyla*, & plus récemment chez les Italiens *Negropila* & *Golfo di Negropoli*; les Turcs la nomment *Olou-Denghifi*, c. à d. la mer morte, ou *Akmesdgjid-Limani*. Il a fi peu de fond que dans la plupart des endroits l'on ne peut faire avancer que des barques & des bateaux plats.

3) *Akmesdgjid*, eft une petite ville fur la mer morte avec une baie qui eft peu fûre. Il paroît que c'étoit jadis l'emplacement du *Kalos-limèn* des anciens.

4) *Or*, ou *Or-Kapoufi* dans plufieurs auteurs *Or-Kapi*, & par les gens du commun *Or-Kapfou*, c. à d. la porte de la fection ou féparation, autrement de l'ifthme; ou bien *Or-Kalehfi*, & en fclavon *Perekop* ou *Przékop*. C'eft une ville & une fortereffe fur le bord oriental de l'ifthme qui joint la Crimée au Nogaï oriental, & qui n'a en cet endroit qu'un mille géographique de largeur. Cette ville n'a environ que 800 maifons, avec un vieux château, & c'eft à fes murs que viennent aboutir les fameufes lignes qui coupent le détroit d'une mer à l'autre, & que les Ruffes ont franchi fans beaucoup de peine en 1698, en 1736, en 1738 & 1771 *). C'eft de tous les tems que cet ifthme a été coupé d'un foffé pour la fureté de la prefqu'isle; ce qui lui fit don-

---

*) Le B. de TOTT, qui fait le plus grand cas de ces lignes, & dit qu'il leur manque peu de chofe pour être imprenables, affure que les Ruffes n'ont pu dans la derniere guerre pénétrer en Crimée qu'en paffant un petit bras de mer marécageux, ou détroit de Zeniskéa, pour gagner la pointe de la langue de terre qui tient à la prefqu'isle de Kierche, comme fit le général Munick en 1736 & en 1737.

d

ner , de-même qu'à la ville qui s'y trouvoit le nom de *Taphré* , *Taphros.* Les Turcs lui donnent aujourd'hui celui de *Or - Boghafi*, c'eft-à-dire l'entrée ou l'embouchure de la fection, ou *Khad - Baghafi* , l'entrée épineufe. Ce foffé, fouvent comblé, toujours renouvellé , étoit au dixieme fiecle couvert de bois, & il refta dans cet état jufqu'à la période génoife, tems auquel l'ifthme étoit appellé *Zouéhala.* Enfin Hadgi-Ghjéraï, ou felon d'autres Mengheli-Ghjéraï dans le 15e fiecle , & enfuite Sahib-Ghjéraï en 1540, firent nettoyer le foffé & bâtir la ville d'Or que l'on y voit aujourd'hui , laquelle a toujours apartenu aux Tatares depuis ce tems, mais qui cependant avant la derniere conquéte des Ruffes, avoit une garnifon ottomane *).

On trouve au fud d'Or deux grands lacs falans, d'environ deux milles de tour chacun, l'un à l'oueft, l'autre à l'eft.   On ne touche point au dernier, nommé pour cette raifon *Kharam - Ghæl* , c. à d. le lac prohibé, quoiqu'il foit auffi riche que l'autre que l'on nomme *Khalal - Ghæl*, le lac permis.   Au refte l'on tire de celui-ci plus de fel que l'on n'en a befoin pour la confommation & pour le débit.   Il fe dépofe dans ces lacs jufqu'à l'épaiffeur de trois ou quatre pouces; cette croûte commence à fe former dès le mois de mai, & en juillet elle a déja toute fon épaiffeur & fa dureté.   Les fujets du Khane ont la permiffion d'y aller faire leur provifion telle qu'il leur plaît, fans aucuns frais & fans gabelle ; mais les fujets Ruffes font aftreints à une rouble de taxe par charretée qui arrive à Or **).

---

*) On a pu juger par l'explication que nous avons donnée des différens noms d'*Or-Kapi*, que fi *Kapi* fignifie porte, Or n'eft point le nom propre du lieu, comme le dit la *Géographie comparée* : mais que ce mot veut dire proprement une divifion ou fection, comme l'eft un ifthme. En général il ne faut pas compter beaucoup fur les étymologies orientales rapportées dans ce livre, d'ailleurs excellent.

**) Le Baron de TOTT dit que ces falines font réunies

3. *Presqu'isle de Kierche.*

La partie occidentale & en même tems la plus confidérable, apartient encore aux Tatares : mais celle qui eft plus avant à l'eft, proche la route de Kaffa, fut cédée aux Ruffes à la paix de 1774. Les anciens habitans avoient pratiqué à l'entrée de la prefqu'isle, entre les montagnes & la mer d'Afove près d'Arabate, ce fameux foffé qui devoit les protéger contre les Skythes, & dans la fuite Afander fortifia cette ligne d'une forte muraille pour arrêter les Alanes. C'eft dans le même endroit que les Gothes de Trapezite fe défendirent fi long-tems contre les Ongres.

A. La partie des Tatares, comprend :

1. *Arabate* ou *Ribate*, petite ville & fortereffe à l'entrée de la langue de terre entre la mer d'Afove & la mer pourrie ou la mer fétide. Elle a un fort en pierres qui n'eft cependant pas de grande défenfe. Les Ruffes la prirent d'affaut en 1771.

2. *Zeniské*, eft le nom tatare de cette même langue de terre qui s'étend depuis Arabate vers le Nord-nord-oueft fur une longueur de 9 milles géogr. & 1/2, quoiqu'elle ait rarement 1/4 de mille de large, entre la mer d'Afove & la mer pourrie, & féparée vers le nord du Nogaï oriental par le détroit de Zenis-

---

aux domaines du prince, affermées à des Arméniens ou à des Juifs, les deux nations fe piquent de les mettre à l'enchere. Les acheteurs Ruffes viennent charger eux mêmes leurs voitures au lac à un prix convenu pour tant de chevaux, fous peine d'amende & de confifcation fi la voiture caffe : mais ils chargent de maniere que le chemin du lac à Or eft couvert d'une épaiffe croûte de fel qui fe répaud à chaque voyage.

ké , qui'eft fort étroit. C'eft partout un terrein uni
& découvert , fans bois , boffelée feulement par quelques dunes ou collines de fable , entremêlées de
quelques petits lacs , prefque tous remplis d'eau
falée. C'eft là que le Khane tient fes haras. Son ancien nom étoit *Zénoonos Kherfonnéfos* (prefqu'isle
de Zénone); & les Ruffes la nomment *Ienitchi* : ils
y établirent un fort du même nom en 1736 , qu'ils
détruifirent bientôt après.

3. La *mer pourrie* n'eft proprement qu'un bras de
la mer d'Afove ; il s'étend depuis le détroit de Zé-
niské en tirant vers le fud jufqu'à Arabate , & vers
le nord jufqu'à Or, fur une longueur de 17 milles ,
& fur une largeur qui varie depuis 1/4 de mille jufqu'à 2 milles entiers. Les Grecs le nommoient *Buké*
& *Sapra-Limné* ; ce dernier nom répond au tatare
Tchuruk-Denghis , & au ruffe *Ghnilojé-Moré* , c. à d.
la mer pourrie. Ce golfe eft guéable en plufieurs endroits , & dans les chaleurs de l'été ce n'eft plus qu'un
marais qui répand une odeur infecte , & des miafmes
très-nuifibles à la fanté.

4. Il y a près de la côte méridionale de la prefqu'isle
de Kierche , un fameux *lac falant* (*Tousla*) préci-
fément entre Kierche & Kaffa , dont on a tiré par an
plus de 200 chargemens de vaiffeaux , & d'où l'on
pourroit en tirer encore une fois autant.

C'eft à quelque diftance de-là que fe trouve la pointe de terre de *Hadgjilar* (ou *Ghadjalar*) , où étoit
jadis fituée la ville de Kimmerikon , avec une bonne
rade ; & au devant de laquelle font deux isles mon-
tagneufes nommées *Ielkeng-Kaïlari* , c. à d. les isles
des navigateurs.

5. *Kafane-Dip* eft un bourg qui donne fon nom
à une fameufe langue de terre fur la mer d'Afove.

B. La partie des Ruffes , contient :

1. *Kierche* , Ghierche , ou felon la prononciation
ruffe *Kertche* , eft une petite ville fur le détroit anciennement nommé *Bofporus Cimmerius* , aujourd'hui

la *route de Kaffa*, ou la *bouche de St. Jean*, affise fur la croupe d'une montagne efcarpée, & qui s'étend au S. E. & au N. O., entourée de hautes murailles, défendue au S. E. par un fort qui eft à fon extrémité garni de fept tours, & ayant une digue ou jettée de pierres, entre le fort & le port. Presque toutes les maifons font en pierres, à un feul étage, & couvertes d'un toit plat; on y comptoit au commencement du fiecle 22 mofquées & deux églifes grecques. La rade eft excellente, & peut mettre 200 vaiffeaux à l'abri. L'ancien nom de cette ville étoit *Pantikapæum*; les Miléfiens la bâtirent vers le milieu du fixieme fiecle avant J. C. Elle fut libre d'abord, mais l'an 480 av. J. C. elle tomba fous la domination des Arkhæa-naktides. Du tems de Demofthene, elle s'appelloit *Bofporus*, étoit grande & opulente, & faifoit un vafte commerce. C'eft dans fes murs que mourut le grand Mithradate 63 ans av. J. C. Jufqu'à la fin du 4e fiecle elle fut la réfidence des rois du pays; cependant elle fut brife en 275 par les Kherfonois; enfuite elle le fut par les Ongres vers l'an 465, & de nouveau en 528 : mais les empereurs de Byzance (Byzantc) ne la leur laifferent pas long-tems. En 576 elle fut la proie des Turcs. Depuis l'an 679, elle fut fous la fuprématie des Khatzares, qui y avoient un lieutenant, quoiqu'elle demeurât liée à l'empire de Byzante. Au tems du concile de Nicée elle avoit non feulement un évêque, mais elle étoit encore la réfidence de l'évêque des Gothes de Crimée. En 840 elle fut érigée en Archevêché, & au 13e fiecle en Métropolitaine. En 1333 elle reçut un archevêque latin, dont le diocefe s'étendoit auffi fur la Géorgie. Elle étoit alors fous la domination du prince Millen, Alane ou Tcherkaffe : mais déja beaucoup déchue, elle n'a fait que tomber de plus en plus en décadence. Vincent de Beauvais n'en fait pas mention avant 1237, & Aboulfeda en 1344 lui donne le même nom qu'elle porte actuellement. Mais les Génois, qui y tenoient un conful, la nomnioient toujours *Vofpero* ou *Vofpro*, & méme *Affro-monte.* Enfin les Ruffes s'en font rendus maitres en 1771, & l'ont gardée à la paix de 1774.

2. *Ienghj-Kaleh*, c. à d. nouvelle fortereffe, communément *Iani-Kaleh* & méme dans nos auteurs *Iénikalé*, eft une ville munie d'un fort fur la route de Kaffa, où le détroit a le moin de largeur. Les Turcs la bâtirent en 1703 pour fermer aux Ruffes l'entrée de la mer noire, & elle fut achevée en 1706. Son port eft vafte & fûr, quoiqu'il ne puiffe pas recevoir de grands vaiffeaux. Les Ruffes la prirent en 1771, & l'ont gardée à la paix de Koutchouk Kaïnardgji.

3. *Sviatoï-Paoul*, petite fortereffe qui commande le paffage, vis-à-vis de la langue de terre de l'Ortache en Tamane, & des isles fituées au devant. Le promontoire *Ak-Bouroune* eft fitué entre Kierche & Sviatoï-Paoul.

II. Le Nogaï oriental.

C'eft un pays confidérable au nord de la mer noire & de la mer d'Afof, entouré d'ailleurs de tous les autres cotés par les territoires de Ruffie, dont il eft féparé par le *Kajali-Bœrt*, autrement grand *Berda*, par le *Chilki-fou*, ou *Konskija-Vody*, abreuvoir des chevaux,) par les lignes ruffes tirées entre ces deux rivieres, & enfin par le Dniepr. Cependant depuis la paix de 1774 les Ruffes ont la poffeffion du coin de terre entre le Limane du Dniepr & la mer noire, où fe trouve *Kilbouroună.*

Ce pays eft le mème qui fe nommoit jadis *défert d'Ongoul* *). Les Ruffes le nomment

---

*) *Ungoul* auprès de VITSEN, page 602 & 726. *Onkoul* auprès de SCHEREFEDDIN. (Hift. de Timour-Bec, T. II. p. 363.)

1. *Krimskaja Step'*, (comme qui diroit défert de la Crimée). Il eft environ deux fois auffi grand que cette prefqu'isle, & l'étoit encore bien d'avantage autrefois : mais dès le traité de paix de Belgrade en 1739, il y en eut plus de la moitié de cédée à la Ruffie. Tout ce pays n'eft qu'une plaine où l'on rencontre à peine une petite élévation tous les fix milles. Il n'y a point du tout de montagnes, fi ce n'eft entre le Berdinka & le Boujouk-Kourzak, à la naiffance du Tokmak, & vers le Dniepr entre Bjelozerka & Rogatchik. Auffi y éprouve-t-on une grande difette d'eau douce, furtout dans le centre du pays. Le Dnieper eft la feule riviere navigable, & ce que l'on y nomme des rivieres, ne font la plupart que des ruiffeaux qui tombent ou dans le Dniepr, ou dans la mer morte, la mer pourrie, & la mer d'Afof. Ceux qui n'habitent pas au voifinage de ces eaux courantes, font réduits à l'eau de puits qui eft fouvent fort mauvaife. Il ne s'y trouve qu'un feul lac d'eau douce, qui, de même que le plus gros ruiffeau qui s'y jette, fe nomme en tatare *Sout-fou*, & en ruffe *Molochnyja-Vody*, c'eft-à-dire, l'eau de lait. Le bois y manque auffi prefque partout, & l'on n'y trouve que de petits bofquets épars çà & là.

Mais en revanche rien de plus fertile que le fol du Nogaï, rien de plus riant que fa culture. Les afperges, les ails, les oignons, y croiffent fpontanément, & en grande quantité; les tulipes font les fleurs champêtres les plus communes; le perfiko, le réglifle, le tavalga, y font très-multipliés. L'herbe y croît par deffus la tête, & fi les Tatares étoient plus curieux de la culture, ils en tireroient tous les grains en abondance. Celui qu'ils cultivent le plus, c'eft le grand millet à gros grains (ou forgó) jaune ou rouge, qui fait leur aliment journalier de même que l'orge qui y vient à merveille, tellement qu'on l'exporte en grande quantité à Conftantinople pour les chevaux. Un Botanifte y recueilleroit de grandes richefles pour cette partie de l'hiftoire naturelle; mais aucun n'a pénétré encore dans ces plaines. Lorfque l'armée ruffe les traverfa avec fes bagages, on obferva que les fimples écrafés & foulés aux piés avoient rempli l'atmofphere de fortes exhalaifons d'une odeur fpiritueufe & très-agréable. On y trouve entr'autres la plante de laquelle les Turcs & les Tatares tirent leurs mèches à éclairer. Au refte l'herbe y eft rude & groffiere, parceque ce terroir gras & neuf animé par de fortes chaleurs, pouffe la végétation avec trop de rapidité; auffi fe trouve-t-elle en été fi defféchée & fi dure, que les Nogaïs y mettent le feu en Juillet & en Aout, de peur qu'elle n'étouffe la nouvelle herbe qui doit lui fuccéder.

Cependant le Climat de ce pays, qui fe trouve à la même élévation du pole que Nantes & Geneve, eft beaucoup plus rude que dans ces dernieres contrées. Souvent les froids commencent à la fin de Septembre : en 1735 ils commencerent le treizieme Octobre & durerent pendant six femaines entieres avec la même vigueur. Communément pourtant l'hiver y est fupportable, d'une température très inconftante, & d'un froid humide. La faifon des traineaux y dure rarement plus de cinq à fix femaines, & néanmoins les rivieres y font prifes prefque tous les hivers, même le Dniepr, auffi bien que la mer d'Afove, & une partie de la mer noire. Le printems y est orageux, & les pluies rares, ce qui fait bientôt deffécher ce terrein gras. Les vents fréquens qui balayent ce plateau, y rendent l'été fort fupportable ; mais fi par un cas rare, les vents viennent à manquer, les chaleurs font très-fatigantes & très-pernicieufes pour la fanté. Les orages y font violens & fréquens dans l'été. Les nuits commencent dès les premiers jours d'Aout à devenir très-froides.

Les bêtes fauvages font très-multipliées fur ce plateau ; ours, loups, buffles, élans, *Rouffaques*, renards, blaireaux, marmottes, martres, fangliers, cerfs, daims, chevaux fauvages & brebis fauvages ou moufflons ; c'est même la patrie de ces deux dernieres efpeces, de même que les autres parties voifines de ces plaines. Les chevaux fauvages ont le poil rouge dans les premieres années ; il devient enfuite fauve ou gris de rat, avec la

criniere & la queue noires , & une raie noire
fur l'épine du dos.   On les prend difficilement , mais plutôt en hiver qu'en d'autres
tems ; ils ont beaucoup plus de force & de
légéreté que les chevaux domeftiques , & ne
s'apprivoifent jamais, ou du moins jamais fans
une peine extrème   Ils vont par troupeaux,
conduits par les étalons les plus vigoureux.
L'opinion commune eft qu'ils viennent des
chevaux ruffes qui furent difperfés lors du
fiege d'Afove 1697.Mais Jean KRASINSKI en
fait mention dès l'année 1574, & vingt fiecles
avant lui., HÉRODOTE en avoit déja parlé.
Les brebis fauvages, (nommées en ruffe (*Step-
nyjé Barany*, & dans STRABON *Kooloï*), ont le
poil de la biche , mais la tète recourbée du
bélier , bèlent comme la brebis , ont la mâ-
choire fupérieure très - flexible , & courent
plus légérement encore que la biche. Leur
chair eft de très - bon goût, & la peau peut
s'employer comme celle de la biche. Elles
vont par bandes de plufieurs milliers enfemble.
Les lievres, les perdrix, les gelinotes, y font
en fi grande quantité que les Ruffes dans leurs
marches en ont fouvent pris avec la main.
En infectes, on y trouve entr'autres de ta-
rentules & la cochenille de pologne, qu'ils
nomment *Tchervetze* ; pour les fauterelles,
les champs en font prefque couverts pendant
l'été.

On trouve épars fur tout le plateau de la Tatarie des monticules nommés *Kourganes*. Selon

Rubruquis, (Voyage en Tat. chap. X. p. 19,)
ces élévations aſſez conſidérables ont été faites
par les Komanes (Polovtzes), de terres rapportées, pour leur ſervir de tombeaux. Sur
le ſommet, il y a des ſtatues de gypſe ſolide
ou alabaſtrite, fort commune dans le terrein
des environs, qui repréſentent des perſonnages,
tantôt aſſis, tantôt couchés, tantôt de bout,
mais toujours vêtus & le viſage tourné à l'o-
rient; les unes ſont grandes & paſſablement
bien travaillées, les autres petites fort mal
exécutées. Les figures d'hommes ſont toutes
armées & portant la barbe longue; celles des
femmes ont un ajuſtement tout particulier.
Souvent à côté de la figure d'un homme, on
en trouve auſſi une de cheval; il s'en trouve
qui ſont diſtinguées par une croix. Les ſquelettes qui ſe trouvent dans l'intérieur, ſont auſſi
tournés vers l'orient; quand c'eſt celui d'un
homme, on trouve une épée paſſée ſous les
côtes, accompagnée d'anneaux d'or & d'argent, & quand c'eſt celui d'une femme, on
y trouve des ornemens propres à ce ſexe. On
y a trouvé des monnoies grecques, & d'autres,
ant d'or que d'argent, qui portoient des lé-
gendes arabes. Ordinairement on trouve tout
à l'entour dans la terre des oſſemens & des
ſquelettes de chevaux.

Outre les rivieres déja nommées, ſavoir,
e *Dniepr*, en tatare *O-ſou*, le *Kajali - Bært*
ou grand Berda, le *South-ſou* ou *Molochnyja-
Vody*, & le *Chilky-ſou* ou *Konſkija - Vody*,

on trouve encore dans le Nogaï les fuivantes, qui feroient mieux nommées ruiffeaux, fa-voir : l'*Ak-tchokrak*, le *Kara-tchokrak*, le *Kenly* ou *Birly*, qui tombent dans le Chil-ky-fou ; enfuite l'*Adgji-fou* ou *Bjelozerka*, le *Chirchirdgjik* ou *Rogatchik*, le haut *Kaïr-ka*, le bas *Kaïrka* ou *Kefendi-Ilga*; le *Souva-te* ou *Dgjoutka*; le *Zelenaja-dolina* c. à d. fond verd; le *Tchornaja dolina*, ou fond noir, qui tous fe jettent dans le Dniepr. Un feul fe jette dans la mer noire, & c'eft le *Kanilt-chak* ou *Kolytchka*. Ceux qui vont dans la mer pourrie font le *Tchokrak*, le *Gugunly-Aïri*, ou *Tevengoula*, le *Bouraka* ou *Kourou-berak*, & de *Tache-Tcheken*. Ceux de la mer d'Afove font le *Chalingjis-Agadgjé* ou *Iani-bagaz*; l'*Etmanly*, le *Viludgjik*, l'*Uetchenik*, ou les trois petits Achy, le *Domouz Achily* ou *Berdinka*; l'*Otali-Bœrt* ou *moyen Ber-da*, le *Chalinghjis Bœrt*, ou *petit Berda*. En-fin le *Tokmak*, le *Sivri-Oba*, le *Boufoully*, le *Birly-Ilga*, le *Tchungul*, *le South-Uetlughi*, & le *Otloudgjik* fe joignent au Southfou.

Le plateau de la Tatarie Nogaï a prefque toujours fubi le fort de la plaine de Crimée, & nourri les mêmes peuples. On y a vu fe fuccéder ou errer ça & là, des Kimmériens, des Skythes, des Sarmates (Iazygues & Rho-xolanes), des Alanes, des Gothes, des Hou-nes, des Ongres, ou Boulgares, avec leurs defcendans, des Torques & des Boulgares noirs ou Berendéïs, des Petchénegues, des Komanes, des Tatares, & avec eux des Kofaques. Dans les derniers tems il eft tombé en poffeffion aux Tatares *Nogaïs*, ainfi nommés d'un fameux capitaine qui vers la fin du 13e fiecle y fonda un état particulier, mais peu durable.

Ces Nogaïs font divifés en grandes & petites familles (ou claffes, caftes, races, hordes,) qui en partie font des rejettons de ces hordes Nogaïs qui jadis errerent dans les plaines d'Aftrakhane, ou qui y font encore habitans, ou Nomades *). Lorsque M. Kleemann fe trouvoit en Crimée en 1769, on lui nomma comme principales les fept races fuivantes, dont les Nogaïs qui étoient fujets du Khane, habitoient le Nogaï oriental & occidental & le Koubane, favoir:

1) *Iedichkoul* (felon Kléemann, *Iedichoul moulti*)
2) *Dgjemboïlouk* (felon Kl. *Dchamboïlouck*)
3) *Iedifane* (felon Kl. *Iedfane moulti*)
4) *Kafaï - aoul* (felon Kl. *Kafa - ïolou*)
5) *Naourous-aoul* (felon Kl. *Naourouselli*)

---

*) Ces peuples crus Nomades parceque leurs huttes font des efpeces de tentes portatives faites de treillage, font cependant fixés par peuplades dans des vallons de huit à dix toifes de profondeur, qui coupent la plaine du nord au fud, & qui ont plus de trente à 40 lieues de long fur un demi - quart de ljeue de large: des ruiffeaux bourbeux en occupent le milieu, & fe terminent · vers le fud par de petits lacs qui communiquent à la mer noire. Les tentes des Nogaïs difpofées le long de ces ruiffeaux, ne forment de chaque vallon qu'un long village où chaque propriétaire a fa marque diftinctive pour fes troupeaux réunis pendant l'hiver fous des hangars. (Tott I. 41. & alibi.

6) *Kurgues.*   7) *Kaspalladolou* (vraisemblable-: ment pour *Kas-polat-aoul.* On lui dit aussi que les plus nombreux étoient les Iedichkouls & les Iedisanes.

Jusqu'en 1770 la premiere & la seconde de ces hordes, & probablement la sixieme aussi, habitoient le Nogaï de l'est, à l'exception de quelques familles qui erroient dans le Koubane. La horde de Dgjemboïlouk ou Iemboulouk, habitoit le Dgjem ou Iemba lorsque Khoo-Oerlouk, Khane de Torgote, les subjugua au commencement du siecle dernier. En 1715 ils vivoient errans sur les bords du Volga, comme sujets d'Aïouka, lorsque Deli-Soltane, Seraskier de Koubane, y ammena 10,300 familles de cette classe & de Iédisane; delà ils furent la plupart transportés dans le Nogaï de l'est, ou treize ans après ils furent suivis par le reste de la horde, conduite par Baty Taïdchi. Nous sommes moins instruits par rapport aux Iedichkoul. Les uns & les autres se soumirent aux Russes en 1770, & se retirerent de leur pleine volonté dans le Koubane, où l'on dit qu'ils se trouvent encore. Par la paix de Koutchouk-Kaïnardgji; ils ont été abandonnés au Khane de Crimée. Outre ces grandes hordes, en voici de plus petites qui se trouvent aussi dans le Nogaï, & qui ne sont peut-être pour la plupart que des rejettons & des branches des premieres; savoir: *Hadgji-Ghjéraï, Tchazlou, Kangli-Argakli, Ivak, Kasaï-Mirza, Igouri, Ismaïl-*

Mirza, Teliak, Irkhane-Kangli (ou *Ioukha-
ne, Kangli,*) *Badraki Dgjegal-Boldi, Roja-
tache,* & *Baïoutaï.* Selon M. Kleemann le
nombre des familles Nogaïs dans les sept hordes; est de 500,000 ; mais c'est beaucoup trop.
En Russie on n'estime que les 4 hordes de
Boudgjak, Iedisane, Iedichkoul & Dgjemboïlouk, qu'à 70,000 *arcs* (apparemment familles.)
Les Nogaïs ont leurs Mourses comme les
Crimes , dont quelques-uns sont les chefs
des plus nombreuses hordes. Ils sont sous la
puissance du Khane de Crimée , mais leur
obéissance est fort privilégiée. Ils le suivent
à la guerre, lui donnent une partie de leur
butin, & lui payent pour chaque prisonnier
depuis un rixdaler jusqu'à trois altunes ,
(ducats). Ils sont aussi tenus de députer,
lors de la fête du grand Baïram, quatre Mourses pour le complimenter & lui porter des
présens. Souvent ils lui laissent la nomination de leurs Beghis, qui la plupart du tems
sont des princes du sang. Du reste ils sont ce
qu'ils veulent & se soulevent fréquemment,
sans que la puissance des Khanes ait jamais pu
les contenir. Ils sont beaucoup moins poli-
cés , ont les mœurs beaucoup plus sauvages
que les tatares de Crimée; ils habitent la plupart dans des tentes, errant en nomades, &
ne s'adonnant que bien peu à l'agriculture,
mangeant de la chair de cheval , buvant le
lait de jument, en un mot ayant aussi peu de
goût pour la propreté que leurs ancêtres. Ils

ont le viſage plat, d'un brun-noirâtre, & ridé, les yeux petits & enfoncés, le nez recourbé en dedans & peù de barbe. Ils ſont enclins au pillage, & quand ils peuvent trouver l'occaſion de dépouiller quelque voyageur, ils ne la manquent pas; mais ils ne ſont pas meurtriers, & des qu'ils ſe croient en ſureté, ils préferent de vendre leurs priſonniers. Néanmoins ils ſont très-hoſpitaliers, & donnent gratuitement aux voyageurs tout ce qu'ils ont à leur ſervice : bien plus, quand ce ſont de beaux hommes, ils les obligent à avoir commerce avec les plus belles de leurs eſclaves *). Ils portent des chemiſes de coton qui ſont très-courtes, & des culottes très-larges faites d'une eſpece de drap groſſier ou de peau de brebis. Leurs habits ſont de coton auſſi, & ils mettent par deſſus un manteau de peau de brebis, tantôt la laine en dedans, tantôt en dehors, ſuivant la ſaiſon. Leurs armes à la guerre ſont, outre l'arc & le ſabre, une très-longue lance *Soungou*), un poignard à la ceinture, & des cordes de cuir pour lier leurs priſonniers. Très-peu ont des fuſils. Ils ne ſont pas fort renommés pour la bravoure ; cependant le Feldmaréchal Munnich les regardoit comme les plus braves de tous les Tatares.

Leurs

---

*) Sans doute pour en avoir de beaux enfans qu'ils puiſſent vendre un jour fort cher, ſelon leur méthode.

Leurs alimens ordinaires font le millet,
l'orge, le farrafin, qu'ils recueillent; enfuite
la chair des chevaux, des bœufs & des brebis, dont ils ont de grands troupeaux; &
ils ne font aucune difficulté de manger la
chair des animaux qui font morts de quelque
maladie. L'eau eft leur boiffon ordinaire, &
quand ils veulent fe régaler, ils la rempla-
cent par du koumyche, de l'irane, du botza
& de l'hydromel. Leurs tentes font des efpeces de huttes portatives, affez folides, de
forme circulaire & de huit pieds de diametre,
compofées d'un treillage ou claie de baguettes épaiffes & larges d'un pouce, formant
une efpece de mur d'appui de quatre pieds
(ou quatre & demi) de haut, fur lequel fe
pofe un comble ou dôme de même ftructure *),
le tout couvert de natte de joncs & recou-
vert d'un feutre brun que le vent & la pluie
ne peuvent pénétrer. La pointe de la cou-
pole ou du cône eft tronquée par un trou
circulaire de deux pieds de diametre, qui fert
de paffage au jour & à la fumée, & où l'on
éleve une perche portant un fanon: ainfi l'â-
tre eft placé au deffous dans le milieu de la

---

*) M. le B. de TOTT ne parle pas de la natte, &
dit que le comble n'eft formé que par une vingtai-
nes de baguettes réunies par le bout, ou attachées
au cercle qui forme l'ouverture; de plus que l'on
y peut brûler du bois de corde, du moins dans
celle du Khane. Il ajoute que ces tentes fe plient
& fe déplient; il eft vrai qu'il ne parle que des tentes militaires ou de campagne.

tente, & l'on y brûle des rofeaux & des herbes feches au lieu de bois. La porte, recouverte d'une natte, eft la plus étroite poffible, de forte qu'à peine y peut-on pénétrer. Cet apartement militaire eft meublé d'une natte de joncs, de deux couffins rembourrés de crin, d'une petite caiffe de bois, d'un fabre, d'un arc avec fon carquois, ou quand c'eft un Tatare à fon aife, d'un fufil avec des piftolets. A quelques pas de la fienne il en a une feconde pour fa femme & fes enfans, & c'eft là qu'eft la batterie de cuifine, confiftant en une groffe & une petite marmite de fer, un trépié, & deux ou trois plats de bois. Ces tentes fe pofent toutes montées fur les voitures pour être tranfportées d'un lieu à l'autre. On éleve à côté celles qui fervent d'étables aux beftiaux, & de magazin ou de grange ; celles-ci font la plupart de rofeaux cimentés avec du fumier en guife de mortier. Enfin le tout forme une habitation entourée d'un enclos de rofeaux en guife de haie : dans les villages, il y a toujours un intervalle de 50 à 60 pas entre chacune, & dans le milieu de toutes, on laiffe une place ordinairement ronde, où les jeunes Tatares s'exercent fur une colline de fable ; une autre place fert pour le Dgjami ou la mofquée, qui eft petite, fans minaret, quarrée & en pierres, couverte de tuiles creufes, mais plus approchante de nos étables que de nos temples.

Les Tatares Nogaïs font Mahométans Sonnites, comme les Krimes; mais le fyſtème
de leur propre ſecte ne leur eſt pas bien fa-
vamment connu, & même le jeûne & les
autres pratiques ne font pas bien fcrupuleu-
fement obſervées parmi eux. Ils ont retenu
beaucoup de fuperſtitions idolâtres des Mongoles; par exemple, ils mettent toujours fur
les haies des têtes de cheval, ils regardent
chaque treizieme année comme fatale, &c.
Mais d'un autre coté, ils n'inquiétent jamais
perſonne pour cauſe de religion, & ne font
point curieux du tout de faire des proſélytes.

Ils portent dans les villes de Krimée les
productions de leur pays, & y achetent tout
ce dont ils ont befoin. L'orge, le millet, le
beurre, le miel, la cire, la laine, les peaux
de moutons, &c. font les principaux articles
de leur débit, qui s'exportent de Gœslevé
pour Conſtantinople. Leurs chevaux &
leurs bœufs paſſent pour la plus grande partie aux Ruſſes & aux Polonois. Depuis que
Kilbourouni apartient aux Ruſſes, on pourroit y faire paſſer la plus grande partie du
commerce du Nogaï.

Ce pays n'a point de villes. Il y en avoit
autrefois quelques unes ſur le Dniepr, mais
elles font ruinées. Voici donc les endroits
les plus remarquables qui s'y trouvent.

1. *Alechki*, dans une isle du Dniepr, non loin de
l'endroit où il ſe jette dans le Limane, étoit jadis
une ville plus célebre que grande ; aujourd'hui ce

n'eſt plus qu'un bourg & une petite fortereſſe. Les
Annales ruſſes lui donnent le nom d'*Oléche*, & le
Géographe de Nubie celui d'*Aleski*; les Italiens, du
tems de la domination génoiſe, l'appelloient *Elice*,
Ilice & Ereſſe. En 1084 les Ruſſes l'enleverent aux
Grecs, & la poſſédoient encore en 1153. Elle étoit
d'une telle importance pour les négocians Italiens,
qu'ils donnoient ſon nom au Dniepr, & l'appelloient
le fleuve d'Elice. Vers la fin du 14e ſiecle il y avoit
un couvent de franciſcains. Enfin les Koſaques de
Saporoga y tinrent leur ſetcha depuis 1711 juſqu'en
1733.

2. *Aslane*, petite fortereſſe ſur le Dniepr, ſur le
quel ſe trouvoit auſſi plus haut celle de *Kaménoj
Satone*, bâtie par les Ruſſes en 1696, mais raſée
en 1711 en conſéquence du traité conclu ſur le
Prouthe.

3. *Tentéré* eſt le nom commun que les Tatares
donnent à pluſieurs isles, comme *Sabik*, *Tendra*,
Terlagane) &c. qui ſe ſont formées d'une langue
de terre fort étroite & fort longue, nommée autrefois par les Grecs la carriere d'Achille (*Dromos Achil-
levos.*) Elle touchoit cependant à la terre ferme à
peu près vers la moitié; mais dès le 5e ſiecle après la
naiſſ. de J. C. elle commença à ſe rompre & à former des isles, de ſorte qu'il n'en paroiſſoit plus au
deſſus des eaux que les parties les plus élevées. C'eſt
dans Guide de Ravenne qu'on les trouve pour la premiere fois nommées *Dandaréone*. L'empereur Conſtantin la nomme *Adara*, ou mieux *Tandara*. Ces
isles ſont habitées par des pécheurs.

4. On a déja parlé à l'article de la Ruſſie, de *Kilbourouni* (*Kin-bourn* ou *Kœlbourn*, *Kolbring*,
bourg & château ſur la mer noire, à l'embouchure
du Dniepr, vis-à-vis d'Otchakovè: il apartient à cette
Puiſſance depuis 1774.)

III. Le NOGAI occidental,
ou le IÉDISANE.

Cette partie du Nogaï eft fituée entre le Bog & le Dnieftr, ayant au S. E. la mer noire, & féparée au N. O. de la Pologne par le Kodyma & le Ieghorlik. La contrée qui entoure Ofou, autrement Otchakove, entre le limane du Bog & le Déligœl, apartient aux Turcs: le refte du pays eft foumis au Khane de Krimée.

Avant la paix de 1774, le Iédifane comprenoit encore l'angle qui fe trouve entre le Bog & le Dniepr, & qui aujourd'hui eft à la Ruffie. Le nom de Iédifane n'eft pas ancien dans ces contrées; c'eft celui d'une puiffante horde de Nogaïs, qui d'abord n'étoit que de 7000 arcs ou familles, (nombre qui s'exprime en tatare par Iédi-fane), mais qui s'eft extraordinairement accrue dans la fuite. Cette horde vivoit errante dans les plaines entre le Volga & l'Oural (Iaïque), lorfque Choo Oerluk, Khane de Torgote, la fubjugua en 1644. Elle fut auffi fous l'obéiffance du célebre Aïouka, mais alors elle étoit pour la plus grande partie en deça du Volga. Mais dès les tems d'Aïouka, l'an 1715 Deli Soultane, Séraskier de Koubane, en emmena quelques milliers de familles, qui furent enfuite tranfplantées fur les bords du Dniepr. Dans les troubles qui s'éleverent après la mort d'Aïouka dans le Torgote, le refte, fous la conduite de Batyr-Taïdchi, abandonna en

1728 les contrées de delà le Done, pour venir fe mettre fous la protection de la fublime Porte & du Khane de Krimée ; & il leur fut affigné, comme à leurs compatriotes, le pays d'entre le Dniepr & le Dnieftr pour leur féjour. Alors cette horde s'y multiplia tellement & y devint fi puiffante, que s'étant foulevée en 1758 elle fit defcendre Alim - Ghjéraï du trône de Krimée pour y placer Krim-Ghjéraï. En 1770 elle fe foumit de rechef à la fouveraineté de la Ruffie, & paffa d'elle même dans le Koubane. Et quoiqu'à la paix elle eût dû retourner dans fon premier féjour, en 1775, elle ne voulut jamais s'y entendre, & n'eft pas fortie du Koubane, du moins de ma connoiffance. D'ailleurs on a auffi trouvé dans le pays d'autres branches démembrées des anciennes hordes des Nogaïs d'Aftrakhan, favoir les *Kelitchi*, anciens fujets d'Aïouka, les *Mandgjak*, les *Krotojaki*, les *Alaches*, les *Badraki* & les *Afs*, & en outre les *Akkoïou*, les *Bahadines*, les *One-Tchadir*, &c.

Les qualités naturelles du pays font à-peu-près les mêmes que dans le Nogaï oriental. Mais la partie du nord & de l'eft eft remplie de montagnes & de vallées, prefque toutes privées de bois & d'eau. La partie du Sud, vers la mer, eft une plaine toute unie, où l'on ne trouve que rarement une colline de fable, & pas un arbre, pas un feul arbriffeau. Le terroir y eft de même extrêmement fertile ; l'herbe y croit de la hauteur d'un homme; le gibier s'y trouve dans la plus grande abondance, & du tems où la horde de Iédisane y étoit encore, la campagne étoit couverte de troupeaux de brebis, de bœufs, de chevaux & de chameaux. Les Nogaïs se nourrissent de la chair de tous ces animaux, de même que du millet, de l'orge & du bled sarrazin qu'ils cultivent: du reste ils se gouvernent & vivent précisément comme ceux de l'est.

Les rivieres de cette partie sont: le *Bog*, en tatare *Ak-sou* (c'est-à-dire, eau blanche), le *Dniestr* ou *Tourla*, le *Kodyma* & le *Tchaptchapkly*, qui se jettent dans le Bog : le grand & le petit *Beretzane*, qui tous deux tombent dans le lac de même nom, lequel communique à la mer noire. L'*Olou*, (*Oulough*) & le *Koutchouk - Deligœl* ou *Teligol*, tombent dans deux lacs de même nom, & de là dans la mer. Les trois *Kougalnik* forment deux lacs qui n'ont point d'issue. Il y a encore quelques ruisseaux qui se jettent dans la mer. Le *Iegherlik*, le *Tachlik*, le *Mangoul*, le *Komoroul*, le *Kourtchagane*, &c. se jettent dans le Dniestr; mais la plupart ne sont que des ruisseaux qui sont à sec dans l'été. Il y a aussi plusieurs lacs salans, dont les plus abondans étoient le *Hadgjigol*, & celui qui avoit dans son voisinage *Katchibej* (n. 5.)

Cette partie du Nogaï a presque toujours éprouvé un sort commun avec l'autre, & avec la Crimée. Après que les Kimmériens, les Skythes & les Sarmates (Iazygues) s'y furent fuccédés, il fut occupé par une multitude immenfe de *Ghetes* (*Getæ*), conduits par Bœrebiftes, environ 56 ans avant la naiffance de J. C. Mais après la mort de ce conquérant, les Sarmates y rentrerent, & furent fucceffivement remplacés par les *Alanes*, les *Gothes*, les *Hounes*, les *Antes* (race fclavone), les *Ongres* & les *Boulgares*, dont les derniers reftes étoient les *Berendéi*, enfuite par les *Petchénegues*, les *Komanes*, & enfin par les *Mongoles* ou *Tatares*. Ceux-ci cependant (au rapport de Strykovski, p. 416 & 417) furent expulfés en 1331 par Olguerde prince des *Litaous* (Lithuaniens) ou plutôt en 1396 par Olguerde général du grand-prince Vitold. Depuis ce tems-là le pays fut habité par des Litaous & des Kofaques, & prit de ces derniers le nom de plaines de Tcherkaffie; jufqu'à ce qu'enfin, avant le commencement du feizieme fiecle, ils furent à leur tour expulfés par les Khanes de Krimée, qui y établirent à leur place des peuples Nogaïs. Vers le Dnieftr on y trouve des émigrans *Pôlnes* (Polonois) & *Vlaques* fortis de la Moldavie; mais dont les habitations furent abandonnées ou détruites dans la derniere guerre.

Les lieux les plus confidérables du Nogaï occidental font les fuivans :

1. *Baïta* ou *Balda*, petite ville fur le Kodyma, vis-à-vis Paleotzero, bourg polonois. Les Kofa-

ques Saporogues ayant commis quelque excès en cet endroit en 1767, les Turcs en prirent prétexte de déclarer la guerre à la Ruffie l'année fuivante, & en 1770 il fut prefqu'entiérement détruit par l'armée du comte de Panin.

2. *Doubafari*, autre petite ville fur le Dnieftr, peu éloignée des frontieres de Pologne ; les maifons y font de bois, & les habitans prefque tous Valaques faifant le commerce. Elle fut brûlée par les Ruffes en 1769.

3. *Ienghi-Douni*, ordinairement *Iani-douni*, bourg fur la mer, avec une rade & une citadelle.

4. *Vozia* autre endroit de la même force vis-à-vis le précédent.

5. *Katchibéj*, étoit autrefois une place importante de commerce fur la mer noire, non loin de l'embouchure du Dnieftr, fur-tout fous la domination des Litaous (Lithuaniens), où elle débitoit beaucoup de grains & de fel. Aujourd'hui l'on n'en trouve pas même les ruines.

IV. Le BOUDGJAK,
ou partie de la BESSARABIE qui apartient au Khane de Krimée.

La *Beffarabie*, ou le *Boudgjak*, eft fituée entre le Dnieftr & le Danube, la mer noire & la Moldavie. La plus grande partie de ce pays, ou celle qui forme le Boudgjak propre, dépend immédiatement du Khane de Krimée depuis 1774. Mais le canton d'*Akkjirmane*, au bord de la mer noire, celui de *Kilia*, & celui d'*Ismaïl*, tous deux fur le Danube, font avec *Bender* fous la domination Ottomane : on en a parlé plus haut.

Le Boudgjak n'eft qu'une plaine, fans montagne & fans bois, mais du fol le plus fécond, produifant une quantité prodigieufe de grains de toute efpece & de la meilleure qualité, .& de l'herbe auffi grande que celle du Iédifane: du refte manquant d'eau dans les chaleurs, où le plus grand fleuve du pays, le Koghylnik même fe trouve à fec, de forte que très-fouvent les beftiaux y périffent de foif. Mais l'automne, qui eft la faifon des pluies dans le Boudgjak, y fait naître tout à coup une multitude innombrable de ruiffeaux qui coupent le pays de tout coté, & il fe trouve couvert de marais, de bourbiers & de mares ou flaques. On a cherché à remédier en quelque forte au manque d'eau pendant l'été, en creufant par-tout des puits très-profonds, de forte que chez les Tatares Boudgjaques on en a fait, comme en orient, une œuvre méritoire & une pratique de religion.

Au défaut de bois, ils brûlent la fiente des beftiaux, après l'avoir fait fécher au foleil. Ils ont fait à la vérité un traité avec les *Kodrenes*, qui habitent la forêt de Kighietche en Moldavie, fur les frontieres de Beffarabie, qui leur livrent en conféquence une quantité déterminée de troncs équâris; mais il s'en faut beaucoup qu'elle leur fuffife.

Les Boudgjakes cultivent du bled, du feigle, de l'orge & du millet; l'orge y rend 60 pour un, & le mil plus de cent. Les Chrétiens qui font dans les diftricts de Kiliâ & d'Ifmaïl, y cultivent auffi de la vigne. Le fuperflu des grains & des autres productions, fe portent à Akkjirmane & à Kilia. Ces Tatares ont de grands troupeaux de bétail tant à cornes qu'à laine, & ils élevent beaucoup de ruches, mais fur-tout de chevaux, qui font en général plus gros & meilleurs que ceux de Krimée. Les chevaux fauvages y font auffi très-communs; en automne, quand le pays eft devenu marécageux, ils en font la chaffe, foit pour les tuer (& les manger), foit pour les prendre vifs. Le mouflon s'y trouve auffi; on y voit çà & là des buffles, mais le bifon (bœuf à boffe) y eft plus commun. Les cerfs, les daims, les renards, les loups-cerviers, les loups, les lievres, y font en foule: mais l'hiftoire naturelle de ces contrées n'eft encore que très-imparfaitement connue.

Les peuples *Thraques* étoient les Aborighenes (c'eft-à-dire, les premiers habitans de ce pays,) qui fut comme eux fubjugué par les Skythes, d'où il fut nommé *défert de Skythie*, dans lequel (& dans le Iédifane) l'armée Perfe, conduite par Darius, eut tant à fouffrir. Dans la fuite, les Skythes ayant été en partie exterminés par les *Sarmates* environ 380 ans avant la naiffance de J. C., les *Ghetes* & autres Thraques commencerent à gagner les bords du Danube, & à s'établir dans ces contrées. L'an 292 avant la naiffance de J. C. lorfque Lyfimachus fit la guerre à ces Ghetes, ils étoient en poffeffion de toute la plaine, du moins jufqu'au Dnieftr, qui en prenoit le nom de *défert de Ghétie*.

Environ douze ans après, on y vit paroître les *Baſtarnes*, qui peuplerent au moins une partie de ce pays, avec les isles que le Danube forme par ſes embouchures, & l'an 29 avant J. C. les *Iazygues*, chaſſés de leurs anciennes demeures, vinrent s'y établir à coté des Baſtarnes, d'où s'étant retirés pour la plupart dans la Dakie occidentale quarante ans après, ils furent remplacés par les *Rhoxolanes*, parmi lesquels on vit auſſi paroître peu-à-peu des *Tagres* & d'autres Alanes. Cependant les Baſtarnes y garderent leurs habitations, juſqu'à ce qu'enfin l'empereur Probus les tranſporta dans la Thraquie (*Thracia*).

Enfin arriverent les *Gothes*, qui commencerent à ſe répandre dans ces contrées, & ſubjuguerent les autres peuples qu'ils y trouverent: mais en 376 les *Hounes* parurent à leur tour, & tous les Gothes qui n'avoient pas cherché un aſyle de l'autre coté du Danube, furent obligés de ſe ſoumettre. Enſuite ces barbares ayant perdu, après la mort de leur roi Attila, toutes leurs autres conquêtes, ils ſe maintinrent néanmoins quelque tems dans ces contrées, qui en prirent le nom de *Hounnivar*; juſqu'à ce qu'en 469 les armes victorieuſes des *Ongres* & des *Boulgares* les forcerent à leur tour de paſſer le Danube. Ce fut peu après cette époque que pluſieurs races *Sclavones* commencerent à s'étendre dans ce pays, dont peu-à-peu ils ſe rendirent maîtres.

En 560 & après, tous ces Sclaves, Ongres & Boulgares furent contraints de se soumettre aux *Vares* & aux *Khoummes* (ce font les Avares); ce qui dura jusqu'en 635, que Kouvrate, prince des Ongres & des Boulgares, secoua ce nouveau joug, & imposa lui-même le sien aux Sclaves. Et quoique en 679 la plus grande partie de ces peuples eussent reçu celui des *Khatzares*, cependant les Boulgares qui avoient passé le Danube, se maintinrent toujours en possession de la Bessarabie, & même dans la souveraineté sur les races sclavones de cette partie, parmi lesquelles les *Loutitches* & les *Tiverzes* font celles dont les noms se font fait connoître avec le tems.

Ceci dura jusqu'à l'arrivée des *Ongres* chassés en 882 par les Petchénegues des pays qui font par delà le Dniepr. Cependant leur séjour fut de courte durée, puisque douze ans après ils gagnerent la Grande-Mæhrie (Moravie), & alors les *Petchénegues* s'étendirent dans la Bessarabie, de même que dans la Valaquie & la Moldavie. Mais ils y furent inquiétés par les *Komanes* (Outzes, Polovtzes), qui les avoient déja chassés des plaines entre le Volga & l'Oural (ou Iaïk), & pressés de rechef par eux dans leurs habitations d'Europe, dès le commencement du onzieme siecle, ils furent obligés en 1087 de se sauver en foule de l'autre coté du Danube. Cependant il en resta beaucoup en deça du fleuve, qui ne furent contraints de le paſſer à leur tour qu'en 1123, de ſorte que ce ne fut que ſur les frontieres de Ruſſie & de Hongrie qu'il en reſta encore un certain nombre.

Les Komanes reſterent donc en poſſeſſion de la Beſſarabie, de même que de pluſieurs autres pays ; mais en 1237 & juſqu'en 1241, leur vaſte empire ayant été détruit par les *Mongoles* ou *Tatares*, ils furent en partie exterminés, en partie réduits en eſclavage, les autres contraints de fuir en Hongrie, en Grece & dans l'Aſie mineure. Ce qui en reſta dans le pays, fut ſoumis aux Tatares, & la Beſſarabie fut de tous ceux qu'ils avoient poſſédés, celui où il en reſta le plus grand nombre gouvernés par leurs propres princes dont l'un nommé Beſſarab les fit appeller de même. L'archidiacre anonyme de Ghneſen, qui a écrit ſa chronique juſqu'à l'année 1395, leur donne ce nom (*Beſarabeni*) le premier ſous l'année 1259 *). Sous le prince Oldamour ils formerent le projet en 1282 de conquérir la Hongrie, & quoiqu'ils échouaſſent, ils la moleſterent continuellement dans la ſuite par leurs incurſions. En 1346 leur prince ou Bali Khane, qui réſidoit à *Karabouna*, envoya du ſecours à l'impératrice de Bizante, Anne de Savoie, contre Jean Kantakouzene. A cette époque ils avoient, pour la plupart em-

---

*) V. De Sommersberg T. I. p. 82. & ſur-tout *Basko*, ibidem, p. 73. que l'archidiacre a eu ſous les yeux.

braſſé le chriſtianiſme, .& quoiqu' entourés de Grecs de tout coté, les franciſcains de Hongrie réuſſirent à les conſerver à l'égliſe latine.

Cependant les Vlaques, qui s'étendoient de plus en plus; inquiéterent auſſi & reſſerrerent les Komanes. Les Voïevodes de la Valaquie Tranſalpine & ceux de la Moldavie s'approprierent tour à tour la Beſſarabie. En 1396 le prince Valaque *Vlad* reçut de Vladislave, roi de Hongrie & de Pologne, l'inveſtiture du Palatinat de Beſſarabie. *Myrza*, ſon ſucceſſeur, la poſſéda en 1399; mais en 1412 elle paſſa au prince de Moldavie, *Alexandre*. Selon le traité de partage conclu entre Sigismond de Hongrie & Vladislave de Pologne, ſur les domaines d'Alexandre, la moitié ſeptentrionale de la Beſſarabie, avec Akkjirmane, devoit paſſer au ſecond, & le reſte avec Kilia au premier. Mais le tout ne reſta pas moins aux Moldaves, & les fils d'Alexandre, *Elie* & *Etienne*, ſe la partagerent en 1434; le premier eut Kilia, le ſecond Akkjirmane. Pierre abandonna Kilia à la Hongrie en 1448. En 1469 le célebre *Drakoul*, prince de Valaquie, poſſédoit la Beſſarabie; mais il la céda en 1474 à Mahomet II, qui en nomma Thotruche gouverneur. Les Moldaves s'en rendirent maîtres de nouveau ſous Etienne le grand en 1482. Mais au bout de deux ans, la priſe de Kilia & d'Akkjirmane par les Ottomans la fit paſſer ſous leur domination, & ils en ont fait une province immédiate de leur empire.

Sous le gouvernement turc elle fe dépeupla confidérablement : il y refta encore des Komanes & des Vlaques, mais en petit nombre. C'eft pourquoi l'on y fit paffer en 1569 trente mille familles de Nogaïs d'Aftrakhane, que les Turcs & les Tatares de Crimée avoient retirés des bords du Volga, après avoir échoué dans leur deffein de réunir ce fleuve avec le Done : ce font ces Nogaïs que l'on nomme Tatares du Boudgjak. Ils forment la plus grande partie des habitans du pays, cependant il demeure encore beaucoup de Vlaques foit dans les villes, foit dans la campagne, fur-tout vers le Danube & le Dnieftr. Il y refte encore des Komanes, & un prêtre qui leur fut envoyé en 1706 de Tirnau en Hongrie, les trouva encore bons catholiques.

Les Tatares Boudgjakes ont pris ce nom du bourg qui le porte *), fur le limane du Dnieftr, & qui fut d'abord leur chef-lieu. Selon le prince Cantemir leurs principales familles font celle d'*Orak-Ogli* & celle d'*Orumbete-Ogli*. Ils ont été affez forts pour mettre 30 à 40,000 hommes fur pié. Ils font très-inquiets, très-portés pour la liberté, & ont tenté à toute occafion de fecouer le joug des Ottomans, ou du Khane de Krimée à qui

---

*) Selon la *Géographie comparée*, le nom de *Boudgjak* fignifie un angle ou coin.

qui ils ont été abandonnés ; ils se sont soulevés plus d'une fois, & ont souvent tenté de quitter ce pays, qui leur déplaît soit par le manque d'eau, soit par le voisinage des Turcs. Enfin, en aout 1770, après. s'être mis sous la protection de la Russie, ils sont venus à bout d'exécuter leur dessein, & se sont retirés dans le Koubane, où ils sont encore, autant qu'il est notoire. Cependant en 1774, à la paix, ils furent abandonnés au Khane de Krimée, de même que le pays du Boudgjak. Mais en 1777 les différends survenus entre la Porte & le Khane Chahine-Ghjeraï, ont donné lieu au Bacha de Bender de s'emparer du Boudgjak, après en avoir chassé tous les officiers du Khane.

Les *Boudgjakes* tirent leurs ressources de leurs troupeaux, tant de chevaux que d'autre bétail gros & petit, & de l'agriculture qu'ils exercent plus assidument que les autres Nogaïs. Ils en ont une autre non moins importante dans le pillage, qu'ils exercent surtout en Moldavie, où ils vont piller les villages, emmenant non seulement les bestiaux, mais encore les habitans qu'ils vendent ensuite à Constantinople pour des Russes. Mais les Moldaves se vengent souvent par le talion, & parmi eux c'est un des devoirs du chrétien que d'assommer un Tatare. Néanmoins les Tatares sont au demeurant de fort bonnes gens, de bon cœur, de bonne foi, hospitaliers, braves. Ils ressemblent parfaitement aux autres Nogaïs dans leurs mœurs, leurs usages, leur maniere de vivre, leur langage, leur culte. Ils sont gouvernés par leurs Mourses, qui envoient des députés aux Dietes de Krimée. Souvent le Khane leur donne pour gouverneur un Soltane (ou prince du sang) avec le titre de Séraskjer; souvent il réside lui-même parmi eux, & alors c'est la ville de Kaouchane qui reçoit sa cour.

Les principaux fleuves du Boudgjak, outre le *Danube*, en tatare *Donnaï*, & le *Dniestr*, ou *Tourla*, qui se rend à la mer par le lac *Vidovo*, ou Ovidouloui, de Bessarabie, autrement nommé Limane du Dniestr, sont: le *Koghylnik* ou *Kountdouk*, ci-devant le fleuve blanc, ou en grec *Aspros Potamos*, qui se perd dans le golfe de *Sasyk*; le *Botna* ou *Kaouchane*, qui tombe dans le Dniestr; les deux *Ialpoug*, qui avec le *Kougna*, les deux *Salkouza*, & d'autres rivieres, se rendent dans le Danube par le lac *Ialpouche*; le *Katlabouga* s'y rend aussi après avoir formé un lac de même nom, & les deux *Tachelyk* par celui de *Tache*. Mais de toutes ces petites rivieres, à peine y en a-t-il une qui ait de l'eau pendant l'année entiere.

Les endroits les plus remarquables, sont les suivans:

1. *Kaouchane* ou *Kaouchani*, & par les Moldaves *Kaouchenji*, petite ville sur la rive droite du Botna, dans une situation agréable, quoiqu'entre des rochers, à quatre lieues tatares de Bender & à vingt de Kilia; c'est la capitale du Boudgjak, mais fort

inal bâtie, & le Khane y a un palais fur une hauteur à l'extrémité de la ville, qui fut brûlé avec une moitié de la capitale par les Nogaïs révoltés en 1769.

2. *Boudgjak*, village fur le Limane du Dnieſtr, qui étoit autrefois le chef-lieu des Nogaïs en Beſſarabie. Il faut remarquer ici que tous les villages fur la rive méridionale du Dnieſtr, depuis Bender juſqu'à Akkjiermane ont été bâtis par les Moldaves dans ce fiecle, & font fous la domination du Khane de Krimée.

3. *Palanka*, fortereſſe fur le Dnieſtr.

4. *Tatar - Bounar* (Bounar de Tatarie), petite ville fur le Koghylnik, nommée anciennement *Kara Bouna*, en grec *Karboona*, qui étoit la capitale des princes Komanes. Elle eſt fituée fur une haute montagne, & doit avoir été une ville forte & confidérable, à en juger par plufieurs ruines qui s'y trouvent. Les Ruſſes la prirent en 1770.

5. *Tobak*, petite ville fur le lac Ialpouche, à l'endroit ou le Ialpoug s'y jette. La ville de *Tinte* que les Turcs ont détruite, étoit autrefois vis-à-vis.

6. *Salkouza*, fur le Botna, non loin de Kaouchane, eſt auſſi une petite ville.

V. Le KOUBANE.

Je comprends fous ce nom, non feulement les pays où ceux des Tatares Nogaïs que l'on nomme *Koubanes*, ou Nogaïs noirs, ou petits Nogaïs, vivent errans ou manans, mais encore tous les diſtricts des *Tcherkaſſes* & des *Avkhaſſes* que poſſede le Khane de Krimée ou dont la fouveraineté lui a été abandonnée. Depuis le traité de paix de 1774, les limites feptentrionales de ce grand pays courent par une ligne droite au milieu des terres qui féparent le Tchalbache du Iéye, juſqu'à la fource du *Doungousle* qui tombe dans le Manytche : puis devenant orientale la ligne traverfe les montagnes du nord au fud jufqu'aux fources du fleuve *Koubane*. Vers le fud une partie de la chaine du Caucafe fépare le Koubane de la Mingrélie & de l'Avkhafe propre (Abafa), qui quoique foumis à la fuprématie de la Porte, a fes princes particuliers dont la réfidence eft Anakopia. Les hordes les plus occidentales des Avkhaffes, vers les rivages de la mer noire, reconnoiffent la fouveraineté du Khane, ou du moins l'ont reconnue jufqu'à l'endroit environ où la riviere de Kapeti coule dans cette mer. Vers l'oueft le Koubane a pour limites la voie (le détroit) de Kaffa & la mer d'Afove. Aujourd'hui il s'en faut beaucoup que toutes les peuplades de ce pays, où il y en a un grand nombre, foient véritablement fujets du Khane : plufieurs d'entr'elles, furtout celles du fud-eft, vivent prefque dans l'indépendance, ou ne reconnoiffent que d'une maniere limitée la fuprématie de la Krimée.

Le Koubane n'eft rien moins qu'uniforme quant aux qualités naturelles. La côte de la mer d'Afove, vers le nord, eft baffe, couverte de marais, & de terreins fangeux où croît une forêt de joncs. Plus bas & vers le détroit de Kaffa, de même que fur la mer noire, la côte eft élevée & montagneufe. Les rivieres de ces contrées, fur-tout celles du Koubane, fe partagent en plufieurs bran-

ches, & leurs débordemens fréquens ne font
prefque des environs qu'un grand marais. L'intérieur du pays, par le nord du Koubane,
dans toute l'étendue qui apartient au Khane,
n'eſt qu'un grand défert (Steppe) fans bois, mais
femé de petites collines & de monticules, la
plupart de fable, entremêlées de marais,
de bourbiers, de lacs falans, de champs hu-
mides couverts de joncs. Le fol y produit
une herbe dure, comme celle des déferts
en général, mais en même tems une quantité de plantes ufuelles excellentes. Les terres
qui font au pied du Caucafe forment un pays
de toute beauté, bien arrofé, & produifant
toutes les efpeces d'arbres & d'arbriffeaux,
comme peupliers, cyprès, pèchers, coignaf-
fiers, pruniers, néfliers, mûriers, noyers,
frènes, rofiers, &c. abondant en fontaines
falantes & en lacs falans, furtout vers le bas
Koubane, qui offre même plufieurs fources
de pétrole. (Mais il faudra laiffer à un Gulden-
ſtædt le foin de nous faire connoître l'hiſtoire naturelle de ces contrées, & quant aux
révolutions politiques, j'en raporterai les plus
remarquables, de même que de tout le pays
qui fe trouve de là jufqu'au Done.)

Autant que l'on peut remonter avec certi-
tude dans l'hiſtoire ancienne, les côtes de la
mer d'Afove, depuis le Done jufqu'à l'embouchure la plus feptentrionale du Koubane,
étoient habitées par un peuple ou plutôt par
une multitude de peuplades connues fous le

nom commun de *Sarmates*. Vers les embouchures du Koubane, c'étoient les *Sindres* avec d'autres peuples qui probablement étoient d'origine Thraque ou Kimmérienne. Cette côte fut vifitée de très-bonne heure par les *Phœnikiens* & les *Kariens*, & plus tard par les *Grecs* (Greques, devroit-on écrire.) Avant le milieu du fixieme fiecle, avant la naiffance de J. C. les *Ioniens* & les *Eoliens* (Aioliens) de l'Afie mineure s'établirent fur les embouchures du Done & du Koubane, & y bâtirent des villes & des places de commerce, dont les principales étoient *Tanaïs*, *Phanagoria*, & *Hermonaffa*, la premiere fur le Done, les deux autres dans les isles du Koubane. L'extreme abondance de la pèche dans ces fleuves & dans les autres rivieres du pays, de même que dans les mers alluentes, mais fur-tout le commerce avantageux de ces colonies avec les peuples voifins, les rendit bientôt opulentes. Les villes fituées fur le Koubane tomberent, avec Pantikapæum de Krimée, 480 ans avant la naiff. de J. C., fous la puiffance des Arkhæanaktides, qui étoient Lesbiens d'origine, & s'étoient établis à Hermonaffa. Spartacus les gouverna 42 ans après, & les rois de Bofporus fes fucceffeurs les conferverent jufqu'aux tems du grand Mithradate.

Cinq ans avant Alexandre, on voit tout le pays des Sarmates, dont la plupart étoient paffés en Europe, habité par les *Iaxamates* ou *Iatzamates*, qui cent & tant d'années après s'y trouvent encore très-puiſſans. Après eux on voit paroitre dans ces contrées pluſieurs de cette multitude de nations que l'on a compriſes ſous le nom d'*Alanes*, mais qui avoient différentes origines, & ne parloient pas la même langue. Les plus remarquables étoient les *Aorſes*, qui s'établirent ſur le Done & ſe répandirent auſſi dans l'Europe, & les *Siraques* qui s'étendirent au deſſous des Aorſes vers le ſud depuis la mer d'Aſove juſqu'au Volga. Cette nation & ſon nom même ſe retrouvent encore aujourd'hui parmi les *Tcherkaſſes*, dont différentes hordes s'emparerent peu à peu des contrées ſituées au ſud du Koubane, dès l'an 19 après la n. de J. C., à ce qu'il paroît ; ſavoir, les *Tſikhes* (Aſs, Iaſy, Adigues) du pays des Sindres, des Lazes & des Kerketes ; les *Abaſgues* (Abaſa, Avkhaſſes) de celui des Heniokhes (Sanigues), &c. &c. Quant aux peuples vaincus, ils gagnerent tous la Kolkhide, ou bien il en reſta encore un petit nombre qui ſe maintint quelque tems dans des retraites de difficile accès.

Vers l'année 112 avant J. C. les villes grecques des bords du Koubane paſſerent entre les mains du grand Mithradate, & quelques-uns de ſes premiers ſucceſſeurs s'aſſujettirent encore toutes les petites hordes des bords de la mer d'Aſove juſqu'au Done, y compris la ville même de Tanaïs. Mais l'incurſion des *Hounes* en 375 fit changer de face

à tout le pays. Quantité d'Alanes furent chaſſés vers l'Europe, & ceux qui reſterent, reſ-
ferrés, à ce qu'il paroît, juſqu'au pied du
Caucaſe. L'empire de Boſporus fut anéanti.
Les *Ongres* & les *Boulgares* ſuccéderent aux
Hounes au bout de 90 ans, & ce fut de là
qu'ils firent la conquête de la Krimée & le
pays qui eſt entre le Done & le Dnieſtr. Les
Outigoures, l'une des hordes Ongres, au
retour de cette expédition, ramenerent en
Aſie pluſieurs Gothes de la Krimée, auxquels
ils aſſignerent des habitations dans l'isle de
Tamane, tandis qu'eux-mêmes habiterent dès
lors les pays d'entre le Done & le Koubane;
Procope donne à leur pays le nom d'*Eulyſia*
Mais avant la moitié du ſixieme ſiecle, ils furent chaſſés par les *Savires* d'une partie de
leurs poſſeſſions; & dans le reſte du même
ſiecle ils furent ſubjugués dabord par les *Vares* & les *Khounes* (Avares, enſuite par les
Turques (Turcs). Dans la ſuite il paroît qu'ils
tomberent ſous la puiſſance de Kouvrate,
prince des Ongres & des Boulgares d'Europe,
qu'il avoit délivrés en 635 du joug des Vares
& des Khounes. Kotrag, l'un de ſes fils,
regna enſuite ſur les Outigoures. Mais en
679 les *Khatzares* ſubjuguerent tous les peuples de la côte, depuis le détroit de Kaffa,
juſqu'au Done, & pouſſerent même leurs conquêtes juſqu'en Europe. Le royaume qu'ils
fonderent dura 336 ans.

Cependant le Chriſtianiſme s'étoit établi

chez les Tfikhes & chez les Avkhaffes, principalement pendant le regne de Juftinien le grand. En 536 les Tfikhes avoient déja un évêque à *Nikopfis*, qui en 840 fut érigée en archevêché, transféré à Tamane (*Metracha*) vers la fin du onzieme fiecle, & qualifié de Métropole au quatorzieme. On y célébroit en grec & fuivant le rit grec; mais les prêtres étoient fi ignorans, que les cérémonies du Chriftianifme fe trouvoient défigurées par plufieurs pratiques de l'idolâtrie qu'il avoit remplacée. Au commencement de la période des Khatzares, les villes grecques du Koubane fubfiftoient encore, & c'eft fous cette époque que l'on trouve pour la premiere fois le nom de la ville de *Tamane* (en grec *Tomê*).

Il faut préfumer que les empereurs de Byzante aient exercé ou prétendu s'arroger la fouveraineté de ces villes, puifque l'on trouve au nombre de leurs provinces la Tfikhie, qui n'en faifoit qu'une avec celle de Kherfone. C'étoient proprement les Khatzares qui jouiffoient de tout pouvoir dans ces contrées, & l'empire de ce peuple fut pendant long-tems le plus puiffant & le plus floriffant de cette partie de l'orient. Mais en 882 l'irruption des Petchénégues & la défertion des Ongres leur firent perdre toutes leurs poffeffions d'Europe, & ils ne conferverent que ce qui eft entre le Koubane & le Done, avec la partie du bord oriental & méridional de ce dernier fleuve, jufqu'à Sarkel & au pays des Vyatitches ; qui leur fut enlevée par les Rouffes (Ruffes) fous Svéiatoslave en 965. Enfuite cette nation liguée avec les Grecs de Byzante, envahit en 1016 (ou plutôt en 1015 les provinces de la mer d'Afove, renverferent le trône des Khatzares, & formerent dans l'isle & dans la ville de Tamane (en ruffe *Tmoutarakhane* ou *Tomoutorokhane*) une principauté ruffe dont les Khatzares & les Tfikhes (en ruffe *Iafy*) furent pendant quelque tems tributaires.

Mais vers la fin du onzieme fiecle, il paroit que les troubles inteftins de la Ruffie lui firent perdre cette principauté: le nord-eft du Koubane fut envahi par les *Komanes* ou *Polovtzes*, & le fud avec l'oueft par les Tfikhes & les autres hordes Tcherkaffes qui s'étendoient toujours de plus en plus vers le nord, & dès lors habitoient déja autour des embouchures du Done & du Volga. Afove (Tana) & Tamane (plus fouvent alors nommée Matriga), continuerent d'être les principales villes de commerce, très - fréquentées auffi depuis 1204 par les négocians d'Italie. Enfin l'an 1221 fut l'époque de l'invafion des Mongoles, & du fac d'Afove; ce torrent de Barbares extermina en 1237 les Komanes, les chaf-fa, les fubjugua en partie, tandis que les Tfikhes du Koubane firent une réfiftance vigou-reufe, & ne purent être domptés qu'en 1277 par le Khane Mangou-Timour & par le célebre Nogaï. Les Mongoles fe trouverent donc alors maîtres de Tamane & d'Afove; mais la foumiffion des Tfikhes & des autres Tcherkaffes ne fut jamais que bien douteufe & fort conditionnelle; ils conferverent même leur indépendance dans les diftricts de bois & de montagnes qu'ils occupoient, & fi ceux de la plaine reconnurent la fouveraineté des Mongoles, ce ne fut qu'autant qu'ils s'y trouverent abfolument forcés. Ils occuperent encore pendant cet intervalle toute la côte orientale de la mer d'Afove jufqu'au Done. Ils s'emparerent de Kierche dans la Krimée, firent fouvent des incurfions dans cette prefqu'isle & dans d'autres contrées d'Europe, furent la tige ou la bafe des peuplades Kofaques qui paroiffoient alors, & fonderent en Egypte une célebre Dynaftie.

Les moines de St. françois porterent auffi dans ces contrées la religion catholique. *Verfacht*, l'un des princes Tfikhes, fe donna en 1333 à l'églife romaine, & en 1439 ces peuples eurent à Tamane (Matriga) un archevêché catholique, & deux évêchés à Syba & à Loukouk; cependant la plus grande partie des Tcherkaffes refta fidele à l'églife grecque. En 1395 le grand Timour entra dans le pays des Tfikhes, dévafta leurs habitations, faccagea la ville de Koubane, & fit un dégât horrible; mais ils ne perdirent point courage & défendirent vaillamment leur liberté. Il eft vrai que les Ottomans prirent vers l'an 1484 les villes & les forterefles de Tamane, de

Temrouke, & d'Atchouk, fur les embouchures du Koubane, & ils doivent même avoir subjugué dans cette occafion les reftes des Gothes de Tamane; mais ils ne fe foumirent point les Tcherkaffes pour cela; d'ailleurs ils ne cherchoient qu'à s'affurer la poffeffion du détroit de Kaffa & de la mer d'Afove. Jufqu'à leur derniere guerre avec la Ruffie, ils ont tenu dans les places pour gouverneur un Sandgjak-bacha, qui d'abord fut foumis au Béghjilerbéghji de Roum-ili, puis à celui de Kaffa, & ils partageoient le produit des péages avec le Khane de Krimée. Enfin à la paix de 1774 la Porte ottomane a cédé fes poffeffions dans ce pays, quoiqu'elle n'évacuát pas Tamane & Temrouk, en contravention du traité, jufqu'à ce qu'enfin Chahine - Ghjéraï foutenu par les Ruffes en chaffa les troupes turques au commencement de 1777.

Dans le commencement de la période ottomane, les Khanes de Krimée n'avoient encore aucune autorité dans le Koubane; c'étoient ceux d'Aftrakhane qui prétendoient à la fouveraineté, quoique proprement le pays fût fous la domination de petits princes Tcherkaffes, outre différentes bandes de ces peuples qui erroient ça & là fans reconnoître de fouverain. Voici les principales hordes Tcherkaffes nommés pour 1487 par Jofaphat Barbaro; favoir: 1) *Kremouk* ou *Kromouk;* 2) *Khippikhe,* peutêtre *Kipdgjak;* 3) *Tetarkoffa* ou *Tartakofia;* 4) *Sobaï;* 5) *Kheverthéï,* ou *Kharbathéï*, peut-être *Kabarda*; 6) *As*, ou *Alani*. Mahomet-Ghjéraï est le premier Khane de Krimée qui ait commencé à étendre ses domaines dans cette partie; ses succeſſeurs continuerent cette entreprise, & reſſerrerent les Tcherkaſſes de plus en plus: ils les remplacerent par de nombreuſes hordes de Nogaïs d'Aſtrakhane, partie enlevés à la guerre, partie venus de leur plein gré des bords du Volga, pour ſe mettre ſous la protection du Khane de Krimée, lors & après la deſtruction de l'empire d'Aſtrakhane.

Ces Nogaïs, nommés petits Nogaïs ou Nogaïs noirs (*Kara-Nogajler*) ou Koubanes, ſont auſſi diviſés en pluſieurs hordes ou races, parmi leſquelles nous connoiſſons : 1) les *Kaſaïaoul* (*Kaſiévski, Kaſiéva-Oulouſſi*), l'une des plus conſidérables, ci-devant errante entre les embouchures du Koubane juſqu'à la ſource du Manytche, aujourd'hui fixée en grande partie ſur la riviere de Laba: 2) les *Naourous-Aoul*, qui font cauſe commune avec les précédens, & font enſemble autour de 10,000 familles: 3) une partie des *Iedichkoules* & des *Dgjemboïlouk*: 4) les *Kas-polat-Aoul* (*Kaſpal-ladolou*), qui ſont auſſi dans ce pays, à ce que je préſume: 5) les *Kipdgjak*, les *Mip*, & les *Bourlak*, de même que les *Maïlebaches*, du moins autrefois. Enfin 7) depuis 1770 les *Boudgjaques*, les *Iédiſanes*, les Iédichkouls, & les *Dgjemboïlouks* y ſont auſſi venus de l'autre côté du Done. Ces quatre dernieres hordes pourroient retourner dans leurs premieres demeures, mais elles en ont montré peu d'envie, & font demeurées dans le Koubane jufqu'à aujourd'hui, autant que l'on fache. L'on fait d'ailleurs que la partie feptentrionale des anciennes poffeffions Kou-banes ont été cédées à la Ruffie par la paix de Koutchouk-Kaïnardgi.

On retrouve encore parmi les Koubanes propres, la maniere de vivre, les mœurs, le gouvernement, le culte, les ufages, des autres Nogaïs, à très-peu de chofe près : on les dit feulement encore un peu plus barba-res & plus dégoûtans que ceux d'Europe.

Il y en a peu qui habitent dans des villages; ils errent fans ceffe d'un lieu à l'autre, & ne font aucunes femailles, fi ce n'eft de millet, dont ils garniffent quelques cantons des côtes de la mer d'Afove. Cette culture faite, ils fe retirent avec leurs Oulouffes, & vont faire paître leurs troupeaux immenfes fur le plateau (Steppe,) fur le bord des rivieres de Kouma, de Koura, de Terek & de Malka, de même que fur les deux rives du Koubane jufqu'aux montagnes; d'où ils reviennent dans le Koubane & vers la mer d'Afove. Après avoir paffé l'été de cette maniere, leur mil-let fe trouvant mûr, ils en font la recolte, & le gardent dans des tonnes fous la terre. Enfuite ils dreffent leurs camps le long de la côte, & abandonnent leurs chevaux dans le plateau pendant l'hiver. Voilà du moins com-ment ces peuples vivoient encore au com-

mencement de ce fiecle.   Quoique le millet
faffe une portion importante de leur nourriture, il s'en faut beaucoup qu'ils en cultivent
affez pour leur confommation , & ils font
contraints d'en acheter la plus grande partie
des Tcherkaffes. Ils tirent le refte de leur
nourriture de leurs troupeaux, tant de bœufs,
que de brebis & de chevaux, & cette derniere efpece eft excellente chez eux.   Le
koumyche & le botza font leurs boiffons les
plus goûtées.   Du refte ils l'emportent fur
tous les autres fujets du Khane pour le goût
& le talent du pillage, & dans le tems que
les Kalmouks étoient encore dans leur voifinage, c'étoit là entr'eux une pomme de dif-
corde perpétuelle.

Les Tcherkaffes du Koubane (pour les di-
ftinguer de ceux des deux Kabarda) s'étoient
arrêtés fur les bords du Done auffi bien que
fur ceux du Koubane, fur le premier ils formerent, quoique mêlés de beaucoup de Ruffes, le royaume des Kofaques du Done; fur
le fecond ils conferverent la poffeffion de toutes les isles du bas de ce fleuve, de toute
fa rive méridionale jufqu'à la fource, & des
côtes de la mer noire jufqu'à Abafa. Cependant ceux-ci, qui étoient le plus au fud, furent bientôt foumis par les Khanes de Krimée,
quoiqu'ils foient toujours gouvernés par leurs
propres Beghis, qui payent à ce prince un
tribut confiftant en pelleteries, en miel, &
en jeunes efclaves des deux fexes. Les Sol-

tanes ou princes de la famille de Ghjéraï, fe trouvent en affez grand nombre chez eux, & n'y vivent que comme fimples particuliers, fans fe mêler du gouvernement en aucune maniere, fi ce n'eft lorfqu'ils ont fû par leurs liaifons, fe former un parti dans la nation.

Ces Tcherkaffes prennent eux - mêmes le nom d'*Adigues*; les Grecs & les Italiens les nomment *Tfikhes*, les Ruffes *Iafys*; ils ont auffi porté le nom d'*As*. Les Ruffes donnent encore aujourd'hui celui de Iafys aux habitans de Tamane & des autres isles. Les Tatares les nomment *Adalar*; les Turcs *Kara-Tcherkjesler* (Circaffiens-noirs). Ils font divifés en plufieurs hordes, comme celles des *Ada*, des *Dgjanis*, des *Bochadouk*, des *Khatoukaï*, des *Kemergoui*, des *Befslini*, &c Ils ont trois diftinctions de rang, ou conditions: nobles, vaffaux, efclaves. Leur langage differe peu du dialecte des deux Kabarda; mais quoiqu'il ait dans le fonds communauté d'origine avec celui des Avkhaffes, leurs idiômes different abfolument, & ils ne s'entendent point. D'ailleurs on ne connoit à cet idiôme d'analogie avec aucune autre du monde entier: il fe prononce fortement du gofier, fans être pourtant défagréable.

En général les Tcherkaffes font grands, bien faits, d'une belle phyfionomie, d'excellente complexion; ils ont un grand fond de bon fens naturel, font braves; ambitieux, entreprenans & hofpitaliers. Leurs femmes

fur-tout

fur-tout font en grande réputation de beauté
& de vivacité *). Ils vivent beaucoup mieux
que les Nogaïs leurs voifins : leur pain eft
fait de millet, à la culture duquel ils font
prefque bornés; en boiffon ils font grand
ufage de l'hydromel, & du botza qui fe tire
du millet. Du refte ils fe nourriffent de leur
gros & petit bétail, les brebis étant excellentes chez eux, de gibier & de poiffon. Ils ne
mangent point la chair du cheval, mais bien
celle du cochon. Ils fe bâtiffent affez mal :
leurs maifons font faites de pieux ou poteaux
enfoncés dans la terre, entrelacés de bran-
chages, couverts d'un enduit de mortier &
par deffus de paille ou de jonc. Ils ont coutume d'entourer leurs villages d'arbres & d'arbriffeaux dont ils entrelacent les branches,
pour fe garantir plus aifément des incurfions
desNogaïs. Leur coftume & leur armure avoient
encore au commencement du feizieme fiecle
beaucoup de reffemblance avec ceux des Romains, & aujourd'hui même elle n'eft pas
entiérement évanouie. Ils portent des doul-
bendes (turbans, bonnets), de feutre, en
forme de pains de fucre, comme autrefois
les Alanes; leurs manteaux, de feutre auffi,
font attachés fur l'épaule gauche, & laiffent
à nu l'épaule droite & le bras; l'habit de deffous, qui eft de coton, rouge pour l'ordi-

---

*) Ce font ces beautés célebres que nous appellons
Circaffiennes par corruption.

naire, forme beaucoup de plis de la ceinture en bas. Ils se rasent la tête, & ne conservent qu'une touffe de cheveux sur le crane, qu'ils portent très-longue & en tresse. Ils portent aussi de longues moustaches. Ils aiment le luxe en chevaux, en harnois, en bottes & en armes: aussi sont-ce les meilleurs cavaliers, & les mieux montés de la Tatarie.

Quant au commerce, ils n'en sont pas grands amateurs; leurs premieres classes s'en croiroient déshonorées, & celui qu'ils font avec Tamane & Temrouk n'est qu'un commerce d'échange, dont les objets sont le sel, le miel, la cire, le millet, les peaux de renards, de tchakals *), de tserdavas, de martres, de brebis & d'agneaux, les cuirs de bœufs, la laine, les manteaux & les couvertures de feutre, les esclaves des deux sexes, &c. Ils ne font que peu ou point d'usage de ce que nous appellons richesses pécuniaires; ils emploient l'or & l'argent à l'ornement de leurs vases à boire, de leurs harnois, & de leurs armes. Le vol n'est point un délit parmi eux, au contraire, leur position au milieu d'autres peuples voleurs a procuré aux talens en ce genre une grande considération. Ils ne s'épargnent même pas les uns les autres; mais pour leur *Konak* (hote ou ami) ils sont toujours prêts à donner leur vie. Quant à la religion, leurs Beghis se pré-

---

*) Chien-loup d'un jaune vif & brillant.

tendent mahométans, mais leurs connoiſſances à cet égard ſont extrêmement bornées:
ceux des claſſes inférieures ſavent à peine ce
que c'eſt que la circonciſion. On reconnoît
plutôt parmi eux quelques traces du chriſtianiſme: ils ont leurs papas, qui les ſecondent
dans les pratiques ſuperſtitieuſes; ils ſont auſſi
plus portés pour les chrétiens, mais ils ne
connoiſſent ni la trinité, ni le batême, &c.
Ils ne ſe ſervent d'aucuns caractères quelcon-
ques; par conſéquent ils n'ont point de droit
écrit, mais ils ſe gouvernent d'après les us
& coutumes, par les ordres de leurs Beghis.
Ils ſe contentent d'une ſeule femme, & l'ac-
quierent par voie d'achat, à cela près que
ſi quelqu'un d'entr'eux meurt ſans enfans,
ſon frere en doit épouſer la veuve. Leurs
enterremens ſont accompagnés de beaucoup
de cérémonies, entr'autres ils enſeveliſſent
avec le cadavre les préſens de funérailles de
tous ceux qui ſont préſens, & ils élevent ſur
la foſſe une monticule de terre dont la groſ-
ſeur & l'élévation ſont proportionnées à la
conſidération dont jouiſſoit le perſonnage.

Outre les Nogaïs & les Tcherkaſſes, il y
a encore dans le pays, 1) des *Avekhaſſes* dans
le diſtrict de Bechlibaï ſur le Laba, & dans
les diſtricts de Chapſikh, de Chachi, d'Ou-
boukh, & de Toubi ſur la mer noire, à
l'oueſt de Kapeti: 2) des *Koſaques* du Done,
nommés dans le pays *Sari-Kamiche - Kaſakler,*
c'eſt-à-dire, Koſaques du canon jaune; & auſſi

Sari-In'ad: 3) des *Bourtani*, peuplade libre & indépendante, fixée dans un feul endroit, & dont l'origine n'eſt pas connue : 4) des *Juifs*, qui font très-nombreux; 5) des *Arméniens* & des *Grecs*, qui n'y féjournent la plupart que pour le commerce : 6) des *Tfiguenes*, & pluſieurs autres.

Le plus grand fleuve du pays eſt le *Koubane*, nommé *Hypanis* par les Grecs, *Vardanus* dans Ptolomée, & que l'on trouve, du tems des Khaſares ſous le nom d'*Oukroukh* & de *Varſane*, & enfin de *Kopa* ſous les Italiens. Il ſort des plus hautes montagnes du Caucaſe, où les frontieres de Mingrélie, de Kabarda & de Koubane ſe réuniſſent, non loin des ſources de l'Ekhalis qui ſe jette dans la mer noire près d'Ilori, & de celles du Bakſane qui ſe rend par le Terek dans la mer Caſpienne. Le Koubane reçoit du coté du nord les rivieres d'*Entelek*, de *Barkahli*, de *Barſoukli*, de *Kandgji*, de *Chirvi*, & d'*Arſis*; du coté du ſud celles de *Koutchouk-Inchik* & *Bouyouk-Inchik*, d'*Orp* (*Ourp* & *Ierp*), de *Galpik*, de *Lava* (*Laba*), de *Pſak*, de *Pſak-Kemerouki*, de *Temirtak* (*Temirtache*), de *Bchagoute*, de *Kartſane*, (dont les trois derniers ſe réuniſſent avant que d'y tomber), de *Tſelena*, & d'*Aponia* (*Apaï-ſoui*): enſuite il commence lui-mème à ſe diviſer en pluſieurs bras, & à former des ısles. Le plus ſeptentrional de tous, qui eſt fort grand, ſe nomme *Koumli-Koubane* (c'eſt-à-dire, le Koubane ſablonneux), ou *Kara - Koubane*, ou *Abafa-In-maghi*, & en reçoit un plus petit nommé *Agantie*. Puis en tirant vers le fud, on trouve un autre bras prefque entiérement à fec & nommé pour cette raifon *Koura-Kou-bane*, (le Koubane fec). Plus au fud c'eft le Koubane propre, qui reçoit du fud le *Klaï*, le *Bitli*, & l'*Ak-fou* (ou *Bjelaja*), jette une partie de fes eaux dans la mer d'Afove près de Temrouk, mais tournant au fud avec la plus grande partie, va tomber dans la mer noire. Ce fleuve eft extrèmement poiffon-neux, & abonde fur-tout en éfturgeons de toutes les efpeces, &c. Outre le Koubane, on trouve plus loin vers le nord, l'*Aktar* qui fe perd dans un grand limane ou lac du même nom, communiquant à la mer d'Afove, & dans lequel tombe auffi le *Kounir*, enfuite le *Kerpeli*, le *Beghi-foui* (*Béiffoughi*), & le *Tchalbache*, qui tombent dans un autre li-mane auffi communiquant à la mer, nommé *Beghi-foui* ou *Béiffoughi*; puis le *Iéye* (*Ghé-ga*, *Ieffé*, *Teifa*), le *Tchubour* ou *Kafibour* (*Kaberlik*, *Kabarnar*, *Kallbalnar*, *Kalbour-nar*), & le *Gugunlik* (*Gugumli*, *Kobylnik*, *Kagalnik*), qui tombe immédiatement dans la mer d'Afove, & dont les trois dernieres coulent aujourd'hui fur le territoire de Ruf-fie, de même que le *Manytche* & d'autres rivieres qu'il reçoit de l'eft.

Paffons enfin à la defcription des lieux & des contrées les plus remarquables du Koubane.

A. Sur la rive méridionale du fleuve.

1) L'isle de *Tamane.* Elle est située le long du détroit de Kaffa, que les Turcs nomment pour cette raison *Tamane-Bogasi.* Elle est formée par ce détroit, par la mer noire & la mer d'Asove, & par le fleuve de Koubane. Elle portoit autrefois le nom de *Phanagoria*, du nom d'une ville qui s'y trouvoit. Du tems des Khatzares elle fut nommée *Toma-Tarkhane*, dont les Russes ont fait *Tomoutorokhane* ou *Tmoutarakhane*, les Grecs *Tamatarkha'*& enfin *Matrakha*, puis les Italiens *Materka* & *Matriga.* Les Arabes & les Ottomans lui ont donné le nom de *Tamane*, les Tatares celui d'*Ada* (l'isle), & ses habitans même *Mintana.* Elle est fort montagneuse & ses côtes sur la mer très-hautes & très.escarpées : sa plus haute montagne se nomme *Koultaba.* Ses habitans sont des *Iasiens* (*Tsiques*), qui parlent tcherkasse. Ils payent au Khane de Krimée un léger tribut, & obéissent à leurs propres Béghis. Il est à remarquer aussi que l'isle d'*Atchouk* se trouve comptée par quelques-uns avec l'isle de Tamane. On y trouve :

(1) La ville de *Tamane*, située sur le détroit de Kaffa, environ à une portée de fusil du bord de l'eau, qui aujourd'hui a si peu de profondeur dans cet endroit, qu'il n'y peut aborder que de petits bâtimens. La ville n'est pas grande, elle est mal bâtie, entourée d'une vieille muraille ruinée, & défendue par un château qui n'est pas en meilleur état. Il en est fait mention pour la premiere fois dans l'histoire de Justinien II à l'année 703 sous le nom de *Tomé ;* ensuite on la trouve nommée *Tamatarcha*, *Tmoutarakhane*, *Matrakha*, *Matriga*, &c. Le premier qui la nomme *Tamane*, est Aboulféda. Dans le onzieme siecle, elle fut la résidence des princes de Russie, & alors comme dans la suite le siege des archevêques & métropolites Grecs des Tsiques, enfin depuis 1349 celui d'un archevêque catholique. Dans

le tems que les Génois & les Vénitiens commerçoient dans ces contrées, la ville étoit dans un état très-floriſſant; mais depuis qu'elle eſt entre les mains des Ottomans & des Krimes (Tatares de Krimée) elle eſt bien tombée en décadence : les premiers y tenoient une garniſon & partageoient avec les ſeconds le produit du péage. Le commerce ne laiſſe pas d'y être encore conſidérable, parce que les Tcherkaſſes de Koubane, les Nogaïs & les Koſaques, y apportent les productions de leur pays : auſſi le rivage eſt-il toujours bordé d'une multitude de petits bâtimens, que les voyageurs venans des environs du fleuve de Koubane, font paſſer en Krimée. Les habitans ſont preſque tous Iaſiens ; le reſte eſt compoſé d'Arméniens, de Juifs, de Grecs, de Turcs, &c.

(2) *Temrouk*, petite ville au nord-eſt de Tamane, ſur un bras du Koubane qui en prend le nom & tombe près de là dans la mer d'Aſove. Il s'y fait aſſez de commerce : les habitans ſont partie Iaſiens, partie Grecs, Juifs & Arméniens qui depuis long-tems payent un tribut au Khane de Krimée. Elle a quelques fortifications ; mais a beaucoup ſouffert dans les deux derniers ſiecles par les incurſions des Coſaques du Done. Il paroît qu'elle fut bâtie par les Tcherkaſſes ſous la domination des Mongoles, & ce n'eſt en aucune maniere l'ancienne Tamatarkha.

(3) *Barbarzemine*, (& auſſi *Ada*), eſt ſituée ſur une petite isle à l'embouchure du bras du Koubane qui prend le nom de Temrouk; elle porte quelques maiſons, avec un vieux château dont l'objet étoit de fermer aux Koſaques l'entrée du Koubane. Tous les eſclaves qui viennent de Tcherkaſſie doivent paſſer dans cette ville, & y être expoſés. Il y a auſſi un péage pour les vaiſſeaux qui paſſent.

(4) *Kiſel-Tache*, (c'eſt-à-dire, le rocher rouge), fort ſur la mer noire, à la place où étoit autrefois *Korokoudame*. C'eſt à quelque diſtance, & ſur le Limane du Koubane jadis nommé *Korokondametis*, que ſe trouvoit *Phanagoria*, ville grande & opu-

lente qui faifoit un grand commerce, & capitale du Bofporus d'Afie, fondée par les Téyes environ 640 ans avant la naiffance de J. C. Elle a été totalement ruinée, & paffé l'an 703 après J. C. il n'en eft plus fait mention.

(5) Les promontoires remarquables font: *Tchoch-ka-Bourouni* (*Sotchko*), où étoit autrefois *Achil-leum*, vis-à-vis Ienghi-Kaleh; *Ortache-Bourouni* au nord-oueft de Tamane, au devant duquel on trouve un grand banc de fable & quelques petites isles; *Koudos* (*Koudechio*), le plus avancé vers le fud-oueft, avec un village tcherkaffe du même nom.

2) L'isle d'*Atchouk* (Achou, Atchueve, Atz-choutz), au N. E. de Tamane, formée par la mer d'Afove, le Koumli-Koubane, le Koubane propre & le Koubane de Temrouk. Elle eft plus grande que Tamane même, moins montagneufe, pleine de fable & de marais, habitée par des Iafiens. On la regarde ordinairement comme une dépendance de Tamane. On y trouve

(1) Le château d'*Atchouk* ou *Achou* dont l'isle prend le nom, fituée à l'embouchure du Koumli-Koubane dans la mer d'Afove.

(2) *Kjermentchouk*, ou *Kjirmane*, jadis *Koubane*, bourg fur le principal bras du Koubane, qui étoit au quatorzieme fiecle l'une des premieres villes de la contrée.

(3) *Kafadgje*, bourg fitué fur le Koumli-Koubane.

3) L'isle du Limane du Koubane, qui eft fon embouchure méridionale; elle fe nommoit jadis *Hermonaffa*, du nom d'une ville célebre que les Mityléniens y avoient bâtie.

4) L'isle de *Biffouga*, (peut-être *Beghi-foui*), formée par le Koubane dont un bras la fépare vers le nord de celle d'Atchouk. Elle a au fud d'autres isles formées par les petits bras du Koubane. L'empereur Conftantin la nomme *Nêfion eis tas Pteleas*, nom dont il femble refter une analogie dans celui

de la riviere *Bitli*, qui vient du fud fe jetter dans le Koubane. Les principaux lieux qui s'y trouvent font *Biſſouga* & *Kantali*, petits bourgs, de même que *Kleti* & *Kadi-Kevi* ou *Kodi-Koï*, fitués fur une isle plus avancée vers le fud qui en eft féparée par un bras du Koubane.

5) *Kopyl* ou *Kapyl*, ville dans une petite isle du Koubane plus loin à l'eft, & la réfidence du Séraskier de Koubane. Elle eft entourée d'une cloture de bois en guife de muraille. Ses habitans lui font venus d'Afove, lorfque les Ruffes s'en rendirent maîtres en 1736.

6) Les petites villes nommées *Nekraſſovy*, plus avant encore à l'eft; elles font habitées par des Kofaques du Done que l'on appelle dans le pays Sari-Kamiche-Kafakler, ou Sari-Inad. Elles ont pris leur nom du fameux Nekraffove, qui fe trouvant envelopé dans la révolte de Mazeppi, vint y chercher un afyle.

7) *Eski-Kogyl*, c'eft-à-dire, vieux-Kopyl, ville encore plus avancée vers l'orient, anciennement le chef-lieu du Koubane, & la réfidence du gouverneur. Mais elle a été abandonnée depuis la prife & le fac qu'elle effuya de la part des Ruffes & des Kalmouks en 1736.

8) *Bélédé - Kevi*, ou *Bolété - Koï*, bourg plus éloigné vers l'orient. Tous les endroits que l'on vient de nommer apartiennent au Khane de Krimée.

9) *Abafech*, horde de Tcherkaffes, entre les rivieres d'Apa-foui & de Tféléna.

10) *Bochadoukh*, ou *Bchedoukh*, horde & diftrict de Tcherkaffes, fur la riviere de Bchagout, du coté des montagnes, du pied defquelles jufqu'à la riviere on a planté une haic entrelacée & couverte de terre.

11) *Ierukaï*, autre horde femblable, entre les rivieres de Bchagoute & de Temirtak ou Temirtache.

12) *Kemerouk*, ou *Kemergoutchi*, ou bien *Te-*

mir-goï, diſtrict de Tcherkaſſes, ſur la riviere de Pſak-Kemerouki.

13) *Beſslini* ou *Beslenes*, ſur la riviere de Laba, horde de Tcherkaſſes, qui apartenoit en 1758 au prince de Kabarda Araslambek. Elle tire ſon nom de Beslane, fils de cet Inal qui fut la tige de tous les princes Tcherkaſſes.

14) *Bechlibaï* ou *Bachilbaï*, horde d'Avekhaſſes, à la ſource de la riviere d'Orp, près de la frontiere du grand Kabarda, apartenoit en 1778 au même Araslambek. Ces ſix diſtricts, pris de l'oueſt à l'eſt, ſont tous dans la partie méridionale du Koubane, mais vers le nord par de là les montagnes. En 1731 & 1732, Kaplane Ghjéraï, Khane de Krimée, les avoit ſoumis auſſi bien que les Tcherkaſſes du Kabarda; mais ils ont ſecoué le joug & en 1758 ils étoient gouvernés par leurs propres princes indépendans.

15) *Khatoukaï*, ou *Hatoukaï*, horde de Tcherkaſſes, dans les montagnes & les bois ſur la mer noire, non loin de Tamane. En 1758 ils avoient leur propre Khane. Un peu plus loin à l'oueſt on trouve vers les embouchures du Koubane le promontoire *Balouktchi-Bourouni*, ſur lequel eſt aſſiſe la fortereſſe de *Gobogoudjak*.

16) *Ada*, ou *Atcha*, horde de Tcherkaſſes, avec un bourg dépendant de la Krimée, plus loin au N. E. ſur la riviere Bjelaja.

17) Les montagnes de *Varda-Daghi*, dont fait partie le promontoire de *Varda-Bourouni*, qui s'avance beaucoup dans la mer.

18) Le Limane *Sundgjik*, anciennement en grec *Sindikos Limên*, ſur lequel eſt un bourg nommé *Anapa*.

19) *Ghelindgjik*, autre Limane ſemblable, ſur le bord duquel eſt le bourg de *Tſikçvi*, autrefois *Tſichia*.

20) *Dgjani*, *Dchani*, ou *Tchani*, horde de

Tcherkaffes vers le N. E. à la montagne, & foumife au Khane de Krimée.

22) Les hordes & diftricts d'Avekhaffes, nommés *Chapfikh* ou *Chapfoukh*, *Chachi*, Oubough & *Oboukh*, & *Toubi* ou *Douba*, fur la croupe nordoueft du Caucafe à l'oueft de Kapeti, & fur les deux rives du Soubachi. Ces Avekhaffes habitent les montagnes qui font le long de la mer noire, ont plufieurs villages, font libres & indépendans & fort enclins au pillage. On les nomme communément *Kyska Tchekmep*, à caufe de leurs vétemens courts. On trouve dans leur pays les bourgs de *Bovidjal*, & d'*Abkaffy*, tous deux fur le Limane de *Koldos*

B. Sur la rive feptentrionale du Koubane.

1) Les *Bourtani* ou *Britani*, peuple diftingué des Tcherkaffes & des Nogaïs. Ils habitent entre le Koubane & l'Aktar, font libres & indépendans, fixés dans un même lieu, & poffedent beaucoup d'argent & de cuivre.

2) *Aktar*, petite ville fur la mer d'Afove, avec une rade & un mouillage. C'eft là que le Limane de ce nom, où l'on trouve l'isle de *Sanete*, fe réunit avec cette mer.

3) Le Limane de *Beghj-foui*, ou *Béiffoughi*, forme auffi une isle nommée *Koumli-Ada*, ou l'isle de fable; il avoit autrefois fur fon bord une ville de fon nom, que les Italiens appelloient *Lo-Pefa*.

‚T A B L E‚

Abréviations : r. riviere, fl. fleuve, p. peuple, v. ville.